Murat Kâmil

Deniz am Strand

Eine Geschichte über Familie, Fluch und Fatalität

Roman

Vorwort

Liebe Leser*innen, bevor ihr mein kleines Werk lest, möchte ich euch ein, zwei Hinweise geben, die ihr als bewusste Konsument*innen durchforsten solltet - ich meine, wenn ihr auf leeren Magen ein Fertiggericht kaufen wollt, verweilt ihr ja auch einige Minuten vorm Regal eines Supermarktes, um im Stillen, fast kontemplativ, noch eben die „Zutaten" durchzulesen und über jeden einzelnen Zusatzstoff zu philosophieren, während euer Beckenknochen seicht und beharrlich wiederholt vom Einkaufswagen einer älteren Einkäuferin gestoßen wird, deren Weg ihr versperrt (Spaß). Also lest jetzt bitte aufmerksam:
Dieses Werk ist weder ganz koscher noch helâl, auch wenn ich meine Feder für jeden Buchstaben eigens in die schwarze Tinte meiner Leber eingetaucht habe. Diese Geschichte enthält Gewalt- und Sexszenen. Einiges ist problematisch, für manches möchte ich eine Triggerwarnung aussprechen, z.B. für eine Szene, in der eine weibliche Figur physische Gewalt erfährt (eine der nicht autobiographischen Szenen). Der Erzähler ist teilweise sehr nah an seinem Protagonisten Deniz; die Sprache ist daher auch nicht immer diskriminierungssensibel. Der Erzähler ist oft auktorial, er ist keine Figur, keine Person der erzählten Welt, aber trotzdem empathisch wie ein großer Bruder für Deniz. Die erzählte Welt wird durch den Erzähler reflektiert, ist aber nicht durchgehend politisch korrekt, der Erzähler benutzt kein Gendersternchen. Weder Erzähler noch Deniz sind der Autor; wie ihr sehen konntet, benutze ich selbst selbstverständlich das Gendersternchen. Die Geschichte aber ist letzten Endes fiktiv und Figuren wie Erzähler haben eine ganz bestimmte Prägung mit all ihren Fehlern und Mängeln....

Und doch ist einiges autobiographisch. Die Geschichte wird also sprachlich wie inhaltlich, passend zum Autor, in weiten Teilen authentisch erzählt und geschildert. Ihr werdet aber erkennen, dass durch die Erzählweise die Geschehnisse dennoch auch immer den Prozess einer Reflexion durchlaufen und problematisiert werden.
Ich meine, ich bin ein Deutschtürke, aufgewachsen in einem „Türkenviertel" in einer schimmligen Kasernenwohnung direkt an den Gleisen der Bundesbahn; ich schreibe nicht über die Welt von anderen, sondern über meine eigene. Ich habe weitreichende und tiefe Erfahrungen im Bereich Rassismus bzw. Klassismus sammeln müssen. Und trotz alledem noch einmal der Hinweis, auch wenn ich mich wiederhole: Sprache und Beschreibungen sind zum Teil sehr explizit und authentisch. Die Figuren der erzählten Welt sind teilweise unreflektiert und handeln nach sexistischen Mustern...
- - Dampft der Löffel, soll man pusten, bevor man schlürft - also mit Vorsicht genießen....
Dennoch halte ich einen solchen Roman aus einer authentischen Perspektive eines rassifizierten Mannes auch mit Blick auf Intersektionalität für Themen wie toxische Männlichkeit für wertvoll.
Apropos autobiographisch: Viele Schilderungen in der Familiengeschichte in Kapitel 6 beruhen auf wahren Begebenheiten. Ich habe allerdings einiges absichtlich vermischt. *Sülük* war tatsächlich der Lakap (Spitzname) meines verstorbenen Großvaters. Bei der Figur *Deli Sülük* jedoch handelt es sich nicht um meinen Großvater. Mein Großvater war ein netter und sympathischer Mann.

***

Mein Dank gilt vor allem meiner wichtigsten Leserin und Helferin Diana Nacarlı. Ohne deine Rückmeldungen seit Tag eins zu jedem einzelnen Kapitel wäre dieser

Roman nicht möglich gewesen. Darüber hinaus möchte ich dir für die Hilfe bei der fotografischen Vorlage des Covers danken. Für die maßgebliche Hilfe bei der Erstellung und Bearbeitung des Covers möchte ich dem lieben und treuen Tobias Gößel danken, der der zweite Mensch überhaupt gewesen ist, der das fertige Rohmanuskript lesen durfte. Ebenso dir, liebe Keniya Kılıcıkan, bin ich dafür dankbar, dass du als finale Leserin nochmal über das Manuskript geflogen und mir sehr wertvolle Rückmeldungen gegeben hast. Lieber Tamer Düzyol, auch deine wichtigen Tipps und Anmerkungen will ich dir nicht vergessen - vielen Dank.

Meinem ältesten Bruder Danyal danke ich dafür, dass er mir, als ich ein lütter Junge war, als erster Mensch ein Buch spendierte („Der kleine Hobbit"). Meinen Eltern danke ich dafür, dass sie aus den schwersten Bedingungen heraus es samt allen Hürden gemeistert haben, uns zu guten Menschen zu erziehen. Ihr konntet mir weder beim Lernen helfen noch Luxusgüter ermöglichen, ihr werdet nicht einmal dieses *deutsche* Buch hier lesen können. Na und?! Ihr habt mir das Wichtigste gegeben: Liebe und Menschlichkeit.

Natürlich habe ich alle anderen, an der Zahl ein Dutzend Menschen, nicht vergessen, die das Buch schon im Vorwege gelesen und mich dazu motiviert haben, mich an Verlage zu wenden.

Und ach ja, wenn wir schon bei Verlagen sind. Natürlich denke ich auch an dich, liebe Hannah C. Rosenblatt: Ich danke dir und dem Verlag Edition Assemblage dafür, dass ihr als einer der seltenen Verlage, unprivilegierten Menschen wie mir eine Chance bietet, mich an ein wichtiges Publikum zu wenden.

***

Und jetzt lest endlich!

1. Vater, Sohn und Geist

2018: Der Hamburger ZOB war voll am warmen, späten Abend im Ramadanmonat. Voller war natürlich der Steindamm. Enger. Ein enger Migrantenzirkus. Als Deniz in den Steindamm hineintrachtete, bevor er die Verkehrsstraße zum ZOB überqueren wollte, blieb er dabei kurz stehen. Der Moment dauerte vielleicht drei oder vier Sekunden lang an. Die fließende Menschenkarawane befiel seine Leber. Ihm wurde gelb. Er schmeckte den Mundgeruch fastender Muslime, dazu die Fahnen von patrouillierenden Sexarbeiterinnen im Außendienst und faulen Obdachlosenatem wie ein milchiges Netz auf der Zunge.
Angekommen am ZOB hatte er diesen üblen Hauch von Moment, der ja wohl kaum der Rede wert gewesen war, längst überwunden. Als Deutschtürke liebte er schließlich den Steindamm, seitdem er als Kind von zwölf Jahren das erste Mal dort gewesen war. Die Farben, Gerüche und Geräusche erheiterten ihn. Auch lag die Centrum-Moschee in der Nähe, in der er mit Freunden einst seine Haare schneiden zu lassen pflegte - Viertelstunde, sauberer Schnitt, sechs Euro und ein Lächeln von Murat Abi, der einem heiter gerührt auf die Schulter klopfte, wobei er sich über das angedeutete Trinkgeld amüsierte, welches er nie annahm.
Während des Haareschneidens lief im Radio häufig Murat Abis Lieblingslied „Gurbet", übersetzt „Fremde", worin das Heimweh des türkischen Gastarbeiters besungen wird, der in der Fremde in Westeuropa arbeitet und Heimat wie Geliebte vermisst. Im Refrain heißt es „İçerim yanıyor yar yar", was in etwa „Mein Inneres brennt, oh Geliebte!" bedeutet. Murat Abi ersetzte stets, wenn er den Refrain nachsang, das Wort *içerim* durch *ciğerim*, also *Inneres* durch *Leber*. *Meine Leber*

brennt rief er dann immer klagend auf türkisch aus. Ganz übersetzt heißt Leber *kara ciğer*; *kara* steht für schwarz - das schwarze Organ also. Seit Urzeiten ist die Leber für Turkvölker ein Organ für schwerste Trauer - brennt die Leber eines Türken, brennt alles. Die Erinnerungen an Murat Abi und die Moschee hingegen waren durchaus positiv, wenn sie auch nunmehr über ein Jahrzehnt zurücklagen.

Der ZOB war an sich ziemlich grau, wobei die vielen grünen Fernbusse einen zynischen Kontrast erzeugten. Denn auch sie hielten nur kurz und verließen diesen trostlosen Ort zügig (oder meinetwegen *bussig...*). Der Hamburger ZOB war in kurzer Zeit zu einer nicht unwesentlichen Station für den Verkehr von Geflüchteten in diesen Zeiten geworden. Dementsprechend war das Besucherbild geprägt. Biodeutsche eher in der Unterzahl. Überdurchschnittlich viele abhängende Obdachlose. Dazu einige *Bettler* und ein paar *Sammler*, die ihre Hände in Tonnen steckten. *Pfandflaschensammler* sah man ja mittlerweile zuhauf im Alltag, aber eine Person fiel Deniz besonders auf - seine Leber zuckte schon wieder, aber diesmal anders - eine bucklige Frau. Sie war fast rechtwinklig gekrümmt und musste ihren Kopf angestrengt hochziehen, um geradeaus kucken zu können. Sie tastete Aschenbecher an Bänken und Tischen nach Zigarettenstummeln ab, die sie vielleicht noch zu Ende hätte rauchen können. Deniz rauchte inzwischen eine Selbstgedrehte, während einige Passagiere schon in den Bus nach Kiel einstiegen, für den er einen Platz reserviert hatte. Der Bus sollte in einigen Minuten losfahren. Er versuchte, sich selbst dazu zu überreden, Blickkontakt zur Frau zu suchen, damit sie ihn nach einer Zigarette hätte fragen und er ihr schnell eine hätte drehen können, bevor der Bus abfahren würde. Ein knittriger Gürtel aus Bestürzung und Trauer schnürte sein Herz zu. Wieso fiel er in solchen Situationen in eine so tiefe, innere Ohnmacht?

Ich will der Frau nur helfen, ich will souverän sein!, dachte sich Deniz. Diese Gedanken des Zweifels verflogen dann aber schnell. Er sprach zu sich „Haydi Bismillah" und drehte eilig mit Mühe eine Zigarette und ging auf die Frau zu, der er die Gedrehte lächelnd übergab. Sie bedankte sich, indem sie sich die rechte Hand auf die auf den Boden zeigende Brust legte, wobei ein versunkener Blick in ihr Antlitz gegossen war.

***

Der Busfahrer, ein Mann mittleren Alters mit leicht braunem, aber durch mangelnde Röte durchschimmernden Gesicht, tiefen Krähenfüßen, schmaleren Augen, vollem Bart und einem dazu kontrastierend gestutzten Schnurrbart empfing Deniz vor der Einstiegstür des Busses. Nach dem Aussehen und Akzent des Mannes zu urteilen, schien der Herr arabischer Herkunft zu sein. Er hatte ein Berufssmartphone in der Hand, um Deniz' elektronischen Stempel für den Fernbus zu scannen. Das Gerät ermittelte den Code nicht, auch nach langem und intensivem Engagement des Busfahrers. Nach einigen „Hmm..."'s und „Hä?"'s stach der Busfahrer schließlich seinen zum Dolch geformten Zeigefinger in Deniz' weiches Herz - er presste seinen Finger auf den Handybildschirm des jungen Mannes, um die konkreten Einzelheiten der Fahrtbuchung des elektronischen Tickets zu erscrollen. Das störte Deniz nach kurzem Stutzen dann aber doch nicht weiter, wollte er doch auch nur endlich einsteigen. Dabei stellte sich heraus, dass die Buchung erst für den nächsten Tag war. - - Stille. Überlegen. *Hmm..., ach ja*, fiel Deniz ein: In der Nacht hatte er die Fahrt gebucht, aber es war schon nach zwölf gewesen. Da er noch nicht ins Bett gegangen war, war das eigentliche *Heute* für ihn aus Sicht eines *Denkfehler-Gesterns* ein fehlinterpretiertes *Morgen* gewesen. So hatte er bei der Buchung

auf die Fahrten für „morgen" geklickt und versehentlich die Fahrt für einen Tag später statt für denselben Tag gebucht. - - Der kurze Augenblick der Überraschung verflog schnell; Gleichgültigkeit, fast schon Erleichterung stellten sich bei Deniz ein. Es war sein eigener Fehler gewesen, niemand hatte ihm irgendwie auch nur Unrecht getan, weder der Busfahrer noch das Schicksal, welches wieder mal in seine *Ordnung* hätte eingreifen können, diesmal womöglich in Form eines Systemfehlers in einem elektronischen Gerät. Nein, alles war unter Kontrolle, also kein Grund, sich schlecht zu fühlen - *ist halt passiert und das ist okay so.* Nach seiner schnellen, inneren Krisenbewältigung musste er im nächsten Schritt wieder anfangen, konstruktiv zu denken und zu überlegen, ob er denn tatsächlich erst morgen fahren oder die Fahrt stornieren und eine frühere finden sollte. Bevor er dies tun konnte, neigte der Busfahrer seinen Kopf leicht und blickte mit einem verzeihenden Lächeln in die Augen des jungen Mannes, dem er nicht die Schuld dafür auftragen konnte, dass er mit seiner Unachtsamkeit doch nur die Fehlerhaftigkeit dieser Welt, die weder Timing noch Taktgefühl kennt, exemplifizierte: „Egal, gehst du rein, keine sagen, gute Fahrt", mit der Hand winkte er Deniz in den Bus.
Erstaunt entgegnete Deniz: „Danke, das ist wirklich nett."
Der Busfahrer legte seine Hand, mit der er eben noch winkte, diesmal auf Deniz' Schulter, schaute ihm in die Augen und sagte bestimmt: „Nein, kleine Bruder, *du* netter Mensch."

***

Eingestiegen und hingesetzt, dachte Deniz über den letzten und revanchierenden Satz des Busfahrers nach. *Vielleicht hat er ja gesehen, wie ich der Frau eine Zigarette gegeben habe.* Jetzt musste er wieder an

diese bucklige Frau denken. Es bestürzte ihn plötzlich - stärker noch als zuvor. *Diese arme Frau!* Aber was konnte er schon tun? Er hätte ihr zwei Zigaretten drehen können. Er hätte ihr seinen ganzen Tabakbeutel geben können. Er hätte ihr Geld geben können. Er hätte sich eine Niere herausschneiden und sie ihr übergeben können - *vielleicht hätte ich ihr meine Niere noch dazu vor ihren Augen braten können im Rahmen einer Livecookingshow, damit sie vor meinem krepierenden Körper hätte schmausen können*, spottete er sarkastisch über seinen unbegründeten Spontanpathos. Er bemerkte dazu noch der Gründlichkeit halber, dass selbst, wenn er das Nierenhypothetikon ernst nähme, er in dieser Situation keine Beilage zur Verfügung gehabt hätte. Und ohne ausgewogene Beilagen wäre ein solches Gericht als monotone Komposition auch keine Leistung gewesen.
Das eine oder andere Spiel in Gedanken diente der kurzweiligen Ablenkung von Deniz' Melancholie; mehr aber auch nicht. Der Bus war losgefahren. Deniz' Blick überquerte den Korridor des Busses hin zur Frontscheibe auf die Straße. Der Horizont errötete, es dämmerte. Draußen wurde es rot, doch Deniz wurde es wieder gelb. Während wahrscheinlich alle, die heute bei seiner Mutter zu Besuch waren, um ihr Beileid auszusprechen, gerade ihr Fasten brachen, war Deniz schon den ganzen schönen Tag ganz schön betrunken gewesen. Jetzt konnte er sich nicht mehr dagegen wehren. Es saß keiner neben ihm - zum Glück. Die Tränen liefen über seine müden Wangen. Er weinte wie einst als kleiner Junge. Dabei schaute er weiter geradeaus, ohne sich die Tränen wegzuwischen. Er wollte sie von sich wegfließen lassen. Sie sollten ihres Weges gehen und nicht behindert werden: *Wer bin ich schon, dass ich mich gegen meine Tränen auflehne!?*
Deniz' Gemütszustände erlaubten in der Regel zwar auch euphorische Episoden, doch war seine Seele schon immer

in eine lethargisch melancholische Verdunkelungsfolie eingewickelt. Er hatte zwar früh Selbsttechnologien zur Kompensation entwickelt, die es sogar erlaubten, sich in dieser Folie oftmals wohlzufühlen; wirklich glücklich aber war er insgesamt wohl nie gewesen, und das bis heute. Natürlich hätte er es gerne anders gehabt und das machte ihm in einsamen Stunden häufig zu schaffen. Doch seit gestern wusste er, dass er bis jetzt doch ziemlich undankbar gewesen war. Denn es war diesmal unendlich schlimmer als der schmerzhafteste depressive Zustand, den er je gehabt hatte. Sein Vater war gestern gestorben. Herzversagen. Natürlich war der Vater erst sechzig gewesen. Natürlich hatte er diesen plötzlichen Tod niemals verdient, denn war er Zeit seines Lebens ein rechtschaffener Mensch gewesen. Natürlich hatte Deniz ihm viel zu wenig Liebe und Dankbarkeit gezeigt. - - Ihm wurde wieder gelb.
Jedes Grün, das er sah, hasste er, denn es fand keinen Zugang zu ihm und erinnerte ihn an sein Selbstmitleid. In ihm gab es kein Grün, nur Gelb. Herbst war sein Herz.

2. Hanna

Eine Liaison aus zwei Geschlechtsflüssigkeiten verweilte befriedigt auf Deniz‘ Penis und war noch frisch und feucht genug, um mit Papier abgewischt zu werden. Deniz befand sich im Badezimmer Hannas, einer Kommilitonin. Er hatte sein Apartment im Studierendenwohnheim aufgegeben, da er bei Hanna wohnen konnte, wann immer er wollte. Sie hatte ihm auch den Zweitschlüssel zur Wohnung anvertraut.
Sie liebte ihn. Seit dem ersten Semester. Ihr gefiel die Art, wie er sich bei jeder Wortmeldung im Seminar äußerte. Sein sprunghafter Charme war es, der Hanna interessierte. Er wirkte manchmal sehr vornehm, fast gehorsam und manchmal wiederum rebellisch. In einem Goetheseminar, das Hanna und Deniz zufällig zusammen belegt hatten, vergingen Sitzungen, in denen Deniz, ohne zu blinzeln, den Dozenten fokussierte. Seine Sinne formten einen Trichter und er schüttete jedes Wort seines Dozenten in sich. Dann wieder mündete manch eine Sitzung in ein glühendes Streitgespräch zwischen Studenten und Dozenten. Wenn Deniz beispielsweise versuchte, seinem Dozenten klarzumachen, dass Goethe in „Groß ist die Diana der Epheser" nicht eigentlich den Apostel und die dogmatische Vorstellung von einem transzendenten Gott angriff; Goethe wollte nur seine Kunst bewahren, die von der Schönheit lebt, die den Dingen immanent ist. Manch einer wollte den Unterschied nicht verstehen. Hanna verstand diesen gut, aber sie verstand Deniz zunächst nicht und das machte sie neugierig.

***

In den direkten Kontakt kam Hanna mit Deniz, als sie sich für dasselbe Referatsthema meldete (mit der

Absicht, ihm näher zu kommen). In der Fachbibliothek der Germanistik wollten sie sich zur Vorbereitung treffen. Es war ein Freitag im späten Januar. Der Kieler Prä-Sintflutwind wrang Hanna einige Tränen aus den grünbraun schimmernden Augen. Sie stand vor dem Eingang zur Seeseite der germanistischen Fakultät - die Fakultät war in der Leibnizstraße 8 beheimatet und hatte zwei Eingänge, einen zur Straße und einen zu einem kleinen See (oder eher großem Teich) gerichtet. Das System des Gebäudes konnte als kurios betitelt werden - leicht polemisch könnte man gar von *labyrinthisch* sprechen. Das Gebäude war im Erdgeschoss durch die Mitte getrennt. Es hatte auf beiden Seiten jeweils einen Lift und ein Treppenhaus. Der Eingang der Straßenseite war am Erdgeschoss, der Eingang auf der Seeseite eine Etage unterm Erdgeschoss. Von der einen Eingangsseite aus betrachtet war also die andere Eingangsseite zum Keller bzw. umgekehrt zum ersten Stock gelegen. Zur Fachbibliothek kam man nur übers Treppenhaus der Seeseite. War man im Erdgeschoss der anderen Seite, musste man entweder runter und durch den Keller laufen - die teils unbeleuchteten Kasernenkorridore waren auch mit den beidseitigen Eingängen der Leibnizstraße 4, 6 und 10 verknüpft. Es brauchte ein ganzes Studium, um die ganzen Möglichkeiten der Ausgänge des Kellersystems auswendig zu lernen. In den ersten Semestern war es beim Kellerabenteuer fast jedes Mal ein Glücksspiel, wo man rauskommt und, wenn man mal beim ersten Versuch sofort am Ziel war, war man stolzer als bei einer sehr guten Note für eine Hausarbeit. Um solche Eskapaden aber zu vermeiden, konnte man auch mit dem Lift auf der einen Seite hochfahren bis zum dritten oder vierten Stock, über den Korridor einmal ganz durchlaufen, den anderen Lift nehmen und wieder runterfahren. So kompliziert wie diese Beschreibung ist (ich verlange von niemandem, sie nachzuvollziehen!), ist sie auch für unsere

Geschichte überflüssig, denn stand Hanna wie gesagt vor dem Eingang der richtigen Seite, der Seeseite, und musste nur ein Stockwerk hochlaufen.
Es war Seminarszeit und niemand in der Nähe. Hanna glaubte, niemand könne grade in der Umgebung sein, beschaute sich im Türfenster des Eingangs und klopfte sich Volumen in die Haare. Sie zog sich die Hose etwas hoch und schnallte den Gürtel ein Loch enger. Sorglos machte sie sich zurecht. Nach einer Weile erst bemerkte sie plötzlich im Spiegelbild rechts von ihrem Bauch Deniz, wie er auf einem kniehohen Steinblock saß, den Hinterkopf auf den Nacken fallen gelassen hatte und dabei nach oben schauend den Mund weit geöffnet Rauch in den Himmel entließ. *Peinlich, unangenehm, beschämend...* - es gäbe einige Wörter, die Hannas Gemütszustand in jenem kurzen Moment bezeichnen könnten. Es hätte ihr sicherlich geholfen, wenn sie gewusst hätte, dass Deniz sie noch gar nicht bemerkt hatte, geschweige denn ihr Zurechtmachen vor der Tür. *Soll ich einfach durch die Tür gehen, als hätte ich ihn nicht bemerkt oder mich umdrehen?* Es vergingen drei bis vier Sekunden, bis Deniz aus seinem Gedöse aufgewacht sagte: „Hey, was stehst du da so ´rum?" O.K., das war wohl der Worstcase für Hanna. Bevor sie die Initiative hatte ergreifen können, um die Begegnung vorteilhaft zu gestalten, wurde sie durch eine Guerillaattacke hinterrücks in eine ungünstige Schlacht gerissen. Hanna war normalerweise aber kein unsicherer Mensch, nur nervös, weil ihr Deniz sehr gefiel. Also riss sie sich schnell am Riemen: „Moiiiiin!", rief sie überspielend heiter auf einer erhöhten Oktave.
Deniz, immer noch sitzend, schaute auf und blickte sie mit verkleinerten Augen verdächtig an, aber revanchierte sich mit einem kurzen „Moin".
„Ich hab' nur so durchs Fenster geschaut, ob schon jemand da ist."
Deniz zog die Brauen zusammen: „Wer soll denn da sein?"

Ja, wer soll denn da sein, Hanna? Ihr seid zu zweit in der Gruppe und erwartet sonst keinen - doch schlagfertig wie Hanna war, fiel ihr ein spontanes Ablenkungsmanöver ein, sarkastisch grinsend sagte sie: „Ich weiß nicht, vielleicht jemand, der nicht so viele Fragen stellt...?"
Deniz musste lachen und stand zeitgleich sich am Hinterkopf kratzend auf. Hanna beteiligte sich erleichtert am Lachen, „Entschuldige, ich habe eben nur etwas gedöst und komme erst allmählich zu mir", sprach Deniz versöhnlich.
„Alles gut, bin auch voll müde -", sagte sie und gähnte.
„Wenig geschlafen?", fragte Deniz höflich nach.
„Ja, ich hab' gestern ein neues Bett zugeliefert bekommen. Ich dachte, ich lass' die einzelnen Teile noch in der Folie im Flur und warte bis zum Wochenende, damit ich anfangen kann, alles langsam zusammenzubauen. Aber keine Ahnung, dachte dann, es wäre entspannt, endlich ein neues Bett zu haben, auf dem ich besser schlafen kann. Mein altes Bett war so ein Einzelbett. Und die Matratze schon durch. Manchmal wachte ich voll mit Nackenschmerzen auf. Und ich hab' zum neuen Doppelbett auch direkt ´ne neue Matratze. Also dachte ich, versuch's halt und bau' alles auf. Das hat ziemlich lange gedauert. Bin nicht einmal fertig geworden. Also musste ich auf der nackten Matratze schlafen - voll blöd..." - der arme, narzisstische Deniz, versuchte die ganze Zeit, zwischen den Sätzen von Hannas Monolog eine Diktionspause zu antizipieren, in der er hätte seinen Senf dazugeben können, um wie ein charmanter Gesprächspartner zu wirken. Sie ließ ihm aber keine Gelegenheit, sich in den Mittelpunkt zu stellen. Das war nicht unbedingt etwas, was Deniz gefiel. Doch während er darüber nachdachte, durfte er nicht vergessen, ihr zuzuhören, sonst wäre das Gespräch für ihn gänzlich verloren gewesen. Für eine Sekunde fragte er sich, ob er immer noch am Dösen war.... Als

sie dann fertig war, tat er das einzig Richtige und sprach zwei eindrucksvolle Worte, wobei er die Brauen hochzog, bis die Stirn sich faltete: „Ach so."
„Ja, genau. Voll blöd..."
„Aber das Bett, wenn ich richtig verstanden habe, ist nicht einmal fertig geworden?"
„Genau. Liegt jetzt wie so'n surrealistisches Kunstwerk ´rum in der Wohnung." Sie lachte verlegen.
Er lachte zurück: „Meinst du, du kriegst das noch hin?"
„Keine Ahnung, bestimmt... wird schon."
„Hmm, also, wenn du willst, kann ich dir helfen. Wäre nicht das erste Mal, dass ich ein Bett zusammenbaue."
„...", Hanna lächelte zur Seite blickend - sie wusste nicht, wie sie antworten sollte. Er hatte sie überrascht. Sie kannte erstens seine Intention nicht, vielleicht hatte er das ja nur aus offener Freundlichkeit heraus gesagt. *Wieso musste ich auch so ausführlich davon sprechen?!* Zweitens wollte sie nicht seine Motivation dafür senken, ihr womöglich näher kommen zu wollen, wenn er das überhaupt vorhatte. Hanna merkte allmählich, dass ihr Interesse zu Deniz kein gewöhnliches mehr war: Sie hatte sich - kein Zweifel - in ihn verliebt. Trotzdem musste sie vorsichtig sein. Wie gesagt, sie kannte seine Absichten nicht.
„War nur ein Angebot. Keine Anmache oder so. Nicht, dass du jetzt komisch von mir denkst ..."
Kaum ausgesprochen steckte Deniz sich seine Zigarette in den Mund und zog mit der anderen Hand Hanna zu sich, da sie noch mit dem Rücken die Eingangstür blockierte, während nach Seminarschluss andere Studierende aus dem Gebäude herausstürmten.
Im selben Moment zwickte es in ihrer Magengrube und sie hörte ihr Herz kurz bis ins Ohr schlagen. Deniz ließ ihre Hand los und Hanna riss sich zusammen: „Ne, ne, alles gut, ich denke nicht komisch von dir", lachend fügte sie hinzu: „Ja, also, dann los zu mir; wir machen erst das Bett und dann das Referat."

„Auf jeden Fall! Hatte grade eh gar keinen Bock auf die Fachbib, bestimmt alles voll gleich."
„Ja, kann sein, ist echt nervig manchmal."
„Rauchst du?" Deniz drehte sich eine Neue, hatte er die Letzte erst eben aufgeraucht und ausgedrückt.
„Manchmal…, nur so zwischendurch. Ich würde ein paar Mal von deiner ziehen. ´Ne eigene wäre jetzt zu viel." Sie grinste bei den letzten Worten.
„Wo wohnst du eigentlich?", fragte Deniz fast beiläufig.
„Schreventeich."
„Korrekt."
Sie gingen zur Bushaltestelle. *Egal*, dachte sich Hanna. *Zuhause werde ich schon sehen, aus welchem Holz er geschnitzt ist.*

***

Als er sie auszog, war er auf eine süße Art nervös. Sein Herz ratterte in höchster Aufregung, er wusste, *es passiert jetzt. Ich werde sie nackt sehen, anfassen, schmecken, alles, was ich will, werde ich tun.* Deniz bemerkte die Weichheit Hannas Körpers schnell. Jede Stelle ihres Leibes, die er entblößte, war weiß, weich und üppig. *Hanna ist sicherlich vor kurzer Zeit noch kurviger gewesen, weswegen sie an manchen Stellen mehr, an manchen weniger Überschuss an Haut hatte.* Er leckte ihren Hals, wobei sie zuckte und schwer atmete. Er griff nach ihren Brüsten - sie hingen schwer und waren dennoch überraschend voll, sodass sie einander berührten. Ihre Brustwarzen waren hellrosa. Er ging leicht in die Hocke, um sie besser erkunden zu können. Die Vorhöfe hatten etwa einen Radius von einem Fingerglied Deniz‘. Die Brustwarzen waren groß, fast wie die Kuppe des kleinsten Fingers. Sie waren nach Innen hin eingeknickt und erinnerten leicht an einen kubanischen Hut von oben.
Nun konnte sich Deniz gar nicht mehr zusammenreißen.

Seine Wollust mündete in erotische Aggression. Er wurde komplett überwältigt. Er saugte an ihren Brüsten und quetschte sie, wobei er die Augen aufriss und in einem rauen Ton fast brüllen wollte. Da war einfach so viel, das er sah, ertasten und schmecken musste. Er warf sie auf die lose Matratze, beugte sich über sie und knirschte aus seinem kaum geöffneten Mund: „Ich glaube, ich raste gleich aus! Verstehst du das?!"
„Alles gut", antwortete sie, obwohl sie sich nicht ganz sicher war, was das genau zu bedeuten hatte.
„Ich kann nicht mehr! Ich werde Dir wehtun. Ich will dich schlagen und beißen!"
„…", ihre Lider zitterten, die Wangen waren rot, irgendwie kribbelte ihre gesamte Haut, sie bekam an den unmöglichsten Stellen eine Gänsehaut; seine Worte erregten sie ganz tief - sie streckte ihren Hals nach oben an sein Gesicht, biss ihm in sein rechtes Ohr und flüsterte boshaft: „Keine Sorge, ich beiß' zurück…"
Er zuckte zusammen und atmete befriedigt ein. Der Schmerz an seinem Ohr ließ ihn wieder spüren, dass er ein Mensch war, ein Mensch mit einem organischen Körper, der Nerven und Empfindungen hatte. Seine Stimme wurde sanfter: „Ab jetzt bist du mein. Ich werde dich nicht mehr hergeben."
„…", sie nickte und umklammerte ihn mit ihren Armen, zog ihn an sich und presste seine Brust, so fest sie konnte, an ihre. Sie liebten sich.
Kaum waren nach Deniz' Höhepunkt ein paar Sekunden verstrichen, sprang er auf. Sofort zog sich Deniz an und verließ Hannas Wohnung. - - Hanna lag währenddessen immer noch auf der Matratze. Sie hatte kein einziges Wort gesagt, als Deniz direkt nach seinem Höhepunkt von ihr heruntergestiegen war. Auch nicht, als er sich rasch angezogen hatte. Auch nicht, als er die Wohnungstür aufgemacht hatte, um herauszufliegen.
Jetzt aber - alles an adrenalinisierter Lust verflogen - setzte auch der Schmerz an allen Stellen ihres

Fleisches ein, an denen Deniz sie gebissen, gedrückt und gequetscht hatte. Ihre Blase drückte heftig. Sie wollte aber nicht aufstehen. Viele Gedanken beschäftigten sie. Natürlich zuerst das Offensichtlichste. *Wollte er mich echt nur ficken?* Und weiter: *Wenn ja, wie konnte ich mich mit meinen 22 Jahren darauf einlassen? War ich echt so blind?* Aber auch pragmatische Dinge beschäftigten sie gleichsam: *Was wird jetzt eigentlich aus dem Referat?* - schließlich hatten sie bis jetzt nicht einmal ihre Nummern ausgetauscht, das Treffen hatten sie gestern nach dem Seminar vereinbart.
Auf alle diese Fragen wollte sie mit einem müden und ernüchternden Lachen anstoßen, um sich selbst für die Dummheit zu gratulieren - als jedoch ein letzter, beängstigender Gedanke sie befiel und das feierliche Rot des Weines im Herzen in sauren Regen verwandelte. Sie nahm seit ihrer Trennung von ihrem Exfreund vor vier Monaten weder die Pille noch hatten sie vorhin ein Kondom benutzt. Vor dem Sex und während des Sexes war ihr das noch egal gewesen. Schließlich hätte er ihr auch im Anschluss, nachdem sie ihn rangelassen hatte, offenbaren können, auf Ewig mit ihr zusammen sein zu wollen und immer an ihrer Seite zu bleiben, egal, was kommt. Wie aber deutlich wurde, ist so ziemlich das Gegenteil eingetreten - also Deniz ausgetreten.
Nachdenklich stand Hanna unter der Dusche. Es war schon über eine Stunde nach dem im Nachhinein beschämenden Ereignis vergangen. Sie wünschte, sie hätte weinen können, um sich etwas zu beruhigen, aber dafür war ihr die ganze Situation zu blöd. Dieses Gefühl erinnerte sie an einen Abend im letzten Jahr, als sie sich mit ihrem Vater gestritten hatte. Hanna wollte zum Bund und Berufssoldatin werden. Sie wollte Körper und Geist einschmelzen und diszipliniert in eine einheitliche Form gießen. Sie wollte helfen, Teil einer Gemeinschaft sein. Sie wollte ein Glied in der Kette sein, dessen Seiten links und rechts weitere

Glieder aus Stahl eingeklinkt nach außen zerren, ohne dass es sie zerreißt. Ihre Flügel würden ausgespannt werden, nur Federn würde sie zurücklassen im immer grünen Garten des Einfamilienhauses in der Kleinstadt in Eutin, das der strenge Vater vor zwanzig Jahren gekauft hatte. Dieser Vater drängte sie dazu, ein Lehramtsstudium in Kiel anzutreten - etwas, das sich *für eine Frau ziemt*, was angeblich auf den Beruf Soldatin nicht zuträfe. Auch an jenem Abend stand Hanna unter der Dusche, damals in ihrem Einzelzimmer auf dem Dachgeschoss, das neben einem geräumigen Raum auch ein kleines, privates Badezimmer bot. Das war der Luxus, den ihr Vater ihr bereitstellte. Und jetzt überkam sie wieder dieses beklemmende Gefühl unter der Dusche der geräumigen Wohnung, die ihr Vater ihr bezahlte…. Wenigstens konnte sie in Kiel aufatmen. Kiel war im Vergleich zu Eutin eine Metropole (ironischerweise war für den Hamburger Deniz die Stadt Kiel ein Dorf). Hannas Gedanken an den Vater fingen sie an zu nerven. Für einen Moment aber stellte sie sich noch vor: *Schade; herrlich wäre es gewesen, Papas Gesicht zu sehen, wenn ich an meiner Seite einen Türken mit zu Besuch nach Eutin geladen hätte.* In ihre Trauer mischte sich der Hauch von rebellischem Esprit.
Hanna stieg aus der Dusche und griff nach einem Handtuch, um sich die Tropfen abzuwischen, die sonst von ihren Brustwarzen vor ihre Füße auf die Fliesen heruntergeknallt wären - sodann klingelte es an der Tür. Das Handtuch umgeworfen ging sie zur Freisprechanlage:
„Ja, wer ist da?"
„Deniz."
Sie lachte angewidert in sich hinein und betätigte den Summer, um die Haustür zu öffnen. Auf das Klopfen des oben angekommenen Deniz öffnete sie die Wohnungstür. Sie standen sich gegenüber: er mit zum Mitnehmen eingepacktem Essen in einer Tüte, sie nass im Handtuch.

Sie beugte sich zu ihm, um ihm die Tüte abzunehmen, wobei sich ihr üppiger Körper vom Handtuch befreite. Sie hob das Handtuch nicht auf und stand nackt vor ihm mit der Tüte in der Hand. Von den aneinandergehefteten Spitzen ihrer durch die Nässe dunkel gewordenen blonden Haare prasselten glänzende Tropfen auf ihre Brüste nieder. Deniz ergriff sie. Sie unternahm einen Versuch zum Widerstand, indem sie sich mit ihren Händen von ihm wegdrückte und ihr Gesicht von ihm zur Seite abwendete. Er küsste ihre Wange und flüsterte ihr zu, wie sehr es ihm leidtat.
„Verpiss dich…"
„Es tut mir leid."
„Du bist echt widerlich!", sie drückte ihn weg.
Er küsste ihren Hals: „Es tut mir wirklich leid."
In Hanna wütete ein euphorischer Sturm. Sie nahm Deniz' Hand: „Ich werde das Essen hier, das du mitgebracht hast, in die Küche bringen. Wenn ich zurück ins Schlafzimmer komme, will ich, dass du da auf der Matratze liegst, ohne etwas zu sagen. Und ach ja, zieh dich vorher aus."
Deniz befolgte den Befehl und ging ins Schlafzimmer. Sie liebten sich ein zweites Mal, diesmal so, wie es Hanna gefiel. Sie erlebte mehrere Höhepunkte.
Nach einer Weile aber brach Deniz ab und entzog sich Hannas Körper. Er verzichtete auf eine eigene Ejakulation, küsste sie und sagte, dass jetzt genug sei.
„Was ist mit dir?"
„…", er blickte ruhig und abwesend in seine Handflächen.
„Ist alles O.K.?"
„Ja, alles gut. Ich möchte nicht mehr." Er setzte sich nackt und unerigiert auf einen Stuhl. Sie saß noch auf der Matratze: „Hab' ich was falsch gemacht? Gefällt es dir nicht mehr?"
„Was?!", er lachte, „So ein Quatsch. Du bist perfekt. Ich möchte am liebsten den ganzen Tag mit solch einer

Frau schlafen. Aber irgendwie kann ich jetzt nicht mehr weiter machen."
„Verstehe ich nicht."
„Ach, kein' Plan. Setz mich nicht so unter Druck!"
„Schon gut...", Hanna brach das Verhör ab, hatte aber auch insgeheim die Hoffnung darauf, dass er, wenn sie abwartete, anfangen würde zu erzählen.
Deniz wartete darauf, dass irgendwas passierte bzw. Hanna etwas sagte. Nach wenigen Augenblicken begann er dann wieder, von allein zu sprechen, als würde er sich selbst mit etwas auseinandersetzen wollen:
„Ich weiß nicht. Wäre ich gekommen, würde ich wahrscheinlich nochmal die gleiche Nummer abziehen. Das ist immer so. Erst bin ich so: *Ich will, ich will, ich will.* Und dann halt: *Ich will hier weg, ich will hier weg, ich muss raus, ich muss mich verpissen!* Vor und nach dem Höhepunkt bin ich wie zwei verschiedene Menschen - der eine liebt und will alles dafür tun, der andere verabscheut und will fliehen", während er dies alles schilderte, schaute er Hanna nicht einmal ins Gesicht, bis Hanna folgende Worte mit einer ernsten, aber ruhigen und verständnisvollen Miene sprach:
„Das ist kein Problem für mich."
Deniz wurde von ihrer Reaktion überrascht. Er fragte sich, ob sie überhaupt verstanden hatte, was er ihr sagen wollte. Hanna vernahm den irritierten Anschein in seinem Gesicht. Sie kniete sich vor ihn, während er auf dem Stuhl saß; beide waren sie noch nackt.
„Das ist ja überhaupt nichts Schlimmes! Das ist ein ganz rational erklärbares Phänomen. Es hat was mit deinen Hormonen zu tun" - der toxische Deniz unterbrach sie beleidigt:
„Ja, ja, als ob ich das nicht weiß...; ich kann aber nichts daran ändern!"
Mit der Sanftmut einer Mutter erklärte Hanna unbeeindruckt weiter: „Du musst auch nichts daran ändern. Du

kannst ja rein gar nichts dafür. Das dagegen Ankämpfen verschlimmert es ja nur."
„…", Deniz betrachtete sie skeptisch.
„Hör zu. Wir machen das ab jetzt so: Wenn wir miteinander geschlafen haben, kannst du ruhig auf dem Bett liegen bleiben - ich aber werde aufstehen. Das Ding ist, dass ich danach sowieso immer so dringend auf die Toilette muss. Du weißt doch, *Mädchenblase* und so…" - sie verabscheute solch sexistische Bezeichnungen zwar, aber hatte sie das Gefühl, ihn mit einem blöden Witz besser überzeugen zu können.
„Ich glaub', du verstehst mich nicht…", sagte Deniz ungläubig. Hanna blickte müde zur Seite:
„Das ist also gemeint, wenn sie von toxischer Männlichkeit sprechen…", sprach sie leise vor sich hin.
„Was?!"
Hanna ging auf Deniz' Verwunderung nicht ein und wagte einen letzten Versuch: „Folgendes: Wir essen jetzt erstmal das, was du mitgebracht hast. Und dann tun wir es nochmal und du wirst endlich verstehen, was ich gemeint habe."
Genauso geschah es. Sie aßen und liebten sich anschließend ein drittes Mal. Direkt danach, als Hanna aufstehen wollte, kam sie nicht vom Bett los - Deniz' Finger klammerten um ihr Handgelenk:
„Du musst nicht weg, alles gut…. So schlimm ist es nun auch wieder nicht", sagte Deniz auf den Boden blickend.
„Pech gehabt! Muss trotzdem auf Klo…", Hanna streifte seine Hand von ihrem Gelenk ab und ging auf die Toilette. Deniz folgte ihr einige Sekunden später und öffnete die Tür. Die auf der Toilette sitzende Hanna starrte ihm empört in die Augen. Deniz' Stimme gesellte sich zu dem Rauschen, das dadurch erzeugt wurde, dass Hanna ihrer Blase freien Lauf ließ: „Hanna, ich glaube, ich verliebe mich allmählich in dich, kann das sein?"
„Ich glaube, du kennst keine Grenzen, kann das sein?"
„Ist das nicht die Definition von Liebe?!"

Mit einem breiten Grinsen und einem Tritt beförderte Hanna Deniz aus dem Badezimmer.
Nach dem Essen planten sie das Referat und bauten das Bett zusammen. Anschließend duschten sie und gingen ins fertig gebaute Bett. Hin und wieder kam Hanna dabei in Erinnerung, dass sie nicht verhütet hatten. *Wird schon nichts passieren*, dachte sie sich. Außerdem war sie sich sicher, dass sie diesen komischen Jungen schon irgendwie verändern könne, sodass er langfristig vernünftig würde. Seither bildeten diese beiden, jungen Menschen ein Liebespaar.
Dieses dynamische, heiß-kalte, manisch-depressive, aber in seiner Leidenschaft wahre Liebesereignis an einem Freitag eines Kieler Januars lag nun bereits anderthalb Jahre zurück - das Ableben Deniz' Vaters aber war keine vierzig Stunden her.

***

Deniz, angekommen in Kiel nach der Fernbusfahrt, ging erst in eine kleine Kneipe in der Metzstraße, eine enge Gasse mit Altbauten besetzt. Bei dem Gedanken, Hanna in ihrer Wohnung anzutreffen und ihr heiteres Gesicht zu sehen, empfand er eine Unlust, die fast schmerzte. Er war aus dem Elternhaus in Hamburg quasi geflohen, ohne Bescheid zu geben, obwohl das Trauerritual für seinen Vater noch nicht beendet und viele Verwandte noch im Haus waren. Um die Resonanzen diesbezüglich scherte er sich sowieso nicht, aber selbst, wenn: Alle wussten, dass Deniz kein wirklich typisches Exemplar ihres kulturellen Biotops war. Er offenbarte sein Inneres seiner Familie nur in den rarsten Momenten und seine Emotionen lebte er nicht vor allen aus - zu mindestens, solange er nüchtern war. Sie dachten sich sicherlich, dass er allein sein wollte, um seiner Trauer zu begegnen und nicht unendlich viele Hände schütteln, Küsschen geben und sich

Bedauern wie Anteilnahme anhören wollte. Die einzigen Gründe, warum er nicht sofort aus Hamburg abgehauen war, waren, dass er erstens sich verantwortlich dafür fühlte, wenigstens bei der letzten Waschung seines Vaters willensstark zu bleiben; zweitens konnte er als einziger Sohn - er hatte noch eine ältere Schwester - alle anderen Verwandten inklusive seiner Mutter überstimmen, dass das Trauerritual nicht in einer Moschee, sondern zuhause bei Baba abgehalten wurde. Jetzt dachten womöglich einige, *erst macht er so viel Welle wegen des Cenaze, als wenn er sich vorher überhaupt mal um seinen Vater und seine Gunst bemüht hätte, und dann haut er auch noch vor Ende ab ohne ein Sterbenswort.* - - Zum Teufel mit euch!, wer wusste schon etwas über das Verhältnis zwischen Deniz und seinem Vater? Beide liebten sich, ohne es sich zu sagen. Sie konnten sich nach einem begonnenen Gespräch über Politik binnen Sekunden anfangen anzuschreien. Sie konnten sich gegenseitig beleidigen - „Ulan götünün bokuyla ne bileceksin, gomünist, hayvan oğlu hayvan, eşek kadar yoksun...!", was, wenn man es weniger sinngemäß, eher wörtlich übersetzt, so viel bedeutet wie „Was willst du schon wissen, du kommunistischer Hosenscheißer, Sohn eines Tieres, bist nicht mal so groß wie ein Esel...!" Für seinen Vater war jeder, der nicht religiös orthodox und konservativ war, ein Kommunist. Dafür beleidigte er seinen Vater meist als ungebildeten Hinterwäldler, dessen Dummheit eine so große Sünde ist, dass keine vierzig Pilgerfahrten seine Seele freisprechen könnten. Und trotzdem hörten sie nie auf, sich gegenseitig zu respektieren. Der Sohn war stolz auf einen Vater, der in Südostanatolien keine zwei Tage auf die Grundschule gehen durfte, weil wiederum sein Vater, also Deniz' Opa, ihn zwang, ab seinem sechsten Lebensjahr täglich auf seinem Feld zu arbeiten. Stolz auf einen Vater, der grade einmal sieben Jahre alt gewesen war, als er nachts Kilometer

weit entfernt vom Dorf auf dem Acker allein übernachten musste, um aufs Vieh aufzupassen, während Schlangen zischten, Wölfe heulten und Diebe umherzogen. Stolz auf einen Vater, der Mitte Zwanzig in die Fremde ging, ohne ein Wort der Sprache dieser *Ungläubigen* zu sprechen, um dort in der Fabrik von rassistischen Vorarbeitern geknechtet zu werden, damit er Geld verdienen konnte, dass seine zukünftigen Kinder es besser haben würden als er.
Der Vater hingegen war stolz auf einen Sohn, der zwar konstant disziplinäre Probleme in der Schule hatte, aber dennoch sehr gute Noten. Stolz auf einen Sohn, der von den Imamen in den Korankursen der Moschee durchweg geliebt wurde, da er im Gegensatz zu den anderen Kindern dort nicht zurückgeblieben war (*eine der prägnantesten Eigenschaft von Kanaken*, dachte sich Deniz boshaft). Er lernte, arabisch zu lesen, viel eher als alle anderen, lernte Suren, koranische Gesetze sowie die Sunna, die Bräuche des Propheten, auswendig und wurde zu islamischen Wettbewerben geschickt. Der Vater war stolz auf einen Sohn, der sich Intellekt, Bildung und eine gesellschaftliche Stellung zu erarbeiten schien, die den Vorstellungen des Vaters entsprachen. Der Sohn hatte sich für ein Lehramtsstudium entschieden und sollte Beamter werden. Welch eine Ehre! Leider studierte er als eines seiner Fächer Philosophie, was für den Vater ungefähr so viel wie Kommunismus bedeutete. Und leider hatte der Vater, der dem Sohn Intellekt wünschte, aufgrund seiner eigenen mangelnden Vorstellung von der Tragweite eines Intellekts nicht bedacht, dass Intellekt kritisch-reflexives Denkvermögen anregen kann. Und so besaß der Sohn bald die Chuzpe, auf die unchristliche Idee zu kommen, viele der im Koran vorkommenden Ereignisse wären genauso realistisch wie die Trickfilme, die im Fernsehen liefen. Wie konnte der Sohn sich also selbst zu Unehren des selig gewordenen Vaters zur Heuchelei

überwinden und den Cenaze seines Vaters in der Moschee inszenieren, wo er allen Anwesenden etwas vormachen würde?! *Nein, dieser Mann, ist* ***mein*** *Vater! Er hat mich geliebt, egal, welche Ideen ich hatte.* Nicht in einer Moschee, in der sich die Menschen am Leid der Trauernden ergötzen, sondern im Haus des Toten, der dieses Haus mit unsterblichem Fleiß gebaut, in jenem Haus, in dem sich die zutiefst Betroffenen wohler fühlen, soll das Ritual stattfinden. So hatte es Deniz entschieden.

***

Jedes Bier, das Deniz nach der Fernbusfahrt in der Kieler Kneipe trank, machte ihn sentimentaler und bedürftiger nach Trost. Er wollte Hanna noch nicht sehen. Er hatte sich noch nicht entschieden, noch nicht dazu entschlossen. Sie hatte seinen Vater nicht gekannt. Hatte noch kein Familienmitglied Deniz' kennengelernt, noch kannte sie ihre Namen. Er erzählte nichts, er erzählte nie etwas, was ihn wirklich betraf oder traf. Ihre Beziehung war im Grunde recht oberflächlich geworden mit einem Schwerpunkt auf dem Sexuellen, auch wenn sie manchmal einen tieferen Sinn zwischen den Zeilen lesen wollten.
Deniz wollte Hanna ja eigentlich nicht *nicht* sehen. Er wusste, er würde sowieso bald zu ihr gehen. Er verzögerte es halt. Vielleicht war es eine Art von Vorbereitung oder Angewöhnung. Sie wusste nichts vom Todesfall, auch würde er ihr nichts erzählen. Aber: Würde er sich vielleicht anders verhalten? Und würde sie darauf mit Fragen und zu penetranten Annäherungen reagieren? Könnte ihm ein warmes, mitleidiges Lächeln gleich das letzte bisschen Stolz nehmen? Er durfte jetzt auf keinen Fall eine mitleidende Person neben sich haben. Es durfte aber auch auf keinen Fall eine glückliche Person sein. Er wollte weder eine empathische noch heitere Person neben sich haben, doch wollte

er auch nicht allein sein. Die Gesellschaft musste ruhig sein, unbewusster Trost in der Stille.
Den Alkoholpegel wieder auf den eines fast Volltrunkenen gebracht, ging Deniz zu Fuß zu Hanna. Sie öffnete ihm die Tür, lächelte ihn an und er warf sich ihr in die Arme. Sie liebten sich. - - Und nun saß er also im Badezimmer und wischte sich den in Mitleidenschaft gezogenen Penis sauber, wie wir am Anfang dieses Kapitels erfuhren.
Als er aus dem Badezimmer herauskam, war Hanna eingeschlafen. Da sie nach dem Sex schon auf Toilette gewesen war, würde sie jetzt vermutlich durchschlafen können, außer, er weckte sie. Aber das tat er nicht. Wozu auch? Er wollte ihr sowieso nichts erzählen.
Schweigen war manchmal die bessere Lösung, dachte sich Deniz. Genauso, wie er auch darüber schwieg, dass er sie hin und wieder mit einem anderen Mädchen in Hamburg betrog. Genauso, wie auch Hanna wiederum darüber schwieg, dass sie acht Wochen, nachdem sie miteinander zusammengekommen waren, ihre Schwangerschaft durch Deniz mittels Abtreibung beendet hatte. So war das halt. Schweigen ist Gold.
Nun ja. Er legte sich zu ihr, umarmte sie und schloss die Augen. Als er ward ganz müde geworden, drehte er sich dann von ihr weg und schlief ein.

3. Ýap boýunda (Am Flussufer) - ein Traum

Der leuchtend klingende Duft des grünen Grases wälzt sich in meiner Nase, als ich auf der weiten Steppe liege. Meine eben geöffneten Mandelaugen schauen ins Blaue. Die Wolken - ich sehe sie, obwohl sie ebenso blau wie der Himmel sind - und doch sind sie, weil ich sie denken kann. Ich fange an, mich liegend zu rollen. Ich werde allmählich schneller, ich kullere, es geht steil herunter - so bremse ich und blicke hinunter. Ein Bach perlt und funkelt sich sanft seinen Weg mitten durchs Grün. Einen Schritt vom fließenden Wasser entfernt zwischen Grashalmen spiegelt mir etwas stechend Sonnenstrahlen in die Augen. Schneller werdend renne ich darauf zu und springe kurz vorm Ziel auf dieses Etwas, um es sicher fangen zu können. Ein goldener Armreif! So schön. Wem der wohl gehört? Vielleicht einem jungen, süßen Mädchen? Ob die Besitzerin des Reifs wohl genauso schön ist?
Was vernehmen da meine Ohren? Ein reizend hoher Vogelgesang. Nein, ein niedliches Mädchen, das vor sich her singt mit ihrer herzzerreißenden Kopfstimme. Ich verstecke mich vor ihr hinter einem Felsen. Ich strecke meinen Kopf vorsichtig hervor, um sie zu beobachten.
Welcher Meister hat dieses Wesen gemalt? Wieso hat er ihr Füße gegeben, wenn sie doch schweben könnte?! Wieso hat er sie dieser Welt gegeben, wenn ihr Platz doch ein uneinnehmbarer Turm im Himmel sollte sein, den der Meister selbst nicht betreten darf?!
Ihre Handgelenke sind zart, vornehm und elegant. Sie ist leicht - sie fliegt - wirklich. Ich liebe sie. Ein goldenes Kleid mit schwarzen Streifen zeichnet ihre edle Figur, ummantelt eng die Silhouette, geht ihr bis

zum Knöchel, am Arm bis zum Ellenbogen. Ihr Hals liegt frei - der grüne Duft der Steppe dunstet jetzt rosa. Ich liebe sie. Ich verstehe jetzt: Nicht Brüste, sondern Hals und Schlüsselbein. Nicht Po und Lenden, sondern Rücken und Schultern. Der gleißende Glanz ihrer schwarzen Haare fließt wie Zemzem durch die weiße Schlucht zwischen ihren Schulterblättern. Nicht Lippen, sondern Kinn und Wangen. Das erlösende Heil liegt in jener Schönheit, die das Auge ins Herz trägt.

Der Glaube erlöst sich
von der Berührung, von der Tilgung
und liebt sich, entleibt sich
in die endlose Freiheit.

Was tut sie? Sie singt nicht mehr. Kniend beugt sie sich über den Boden und sucht etwas: „Wer hat meinen Reif gestohlen?", ihre Stimme... - ich liebe sie. Sie schaut in meine Richtung, nein, sie blickt mir direkt in meine Augen. Es ist vorbei! Ich bin dechiffriert. Aber irgendwie auch erleichtert. Ob sie Vater und Brüder hat, die mich töten werden?... - ihretwegen stürbe ich gern, wenigstens das kann ich für dich tun. „Komm raus, Dieb!" Aber warte, liebes Mädchen, noch ist es nicht zu Ende. Noch lebe ich. Noch klopft das Herz an den knöchernen Käfig. Noch gebe ich nicht auf. Meine heilig mir Bestimmte, ich stürze mich in dieses Spiel und erwidere tanzend den Wirbel unseres Schicksals:
„Wen nennst du Dieb, Mädchen?!"
„Siehe ins Wasser und du wirst ihn selbst erkennen, Dieb!", ... ich liebe sie.
„Was soll ich denn gestohlen haben, freches Mädchen? Dir einen Kuss vielleicht?!"
„Sag das noch einmal und ich beiße dir deine Zunge samt Lippen ab, ungezogener Dieb! Du hast meinen Armreif aus Gold gestohlen."
„Ach, ist es das, was du vermisst?! Ich habe deinen

Reif nicht - wirklich, schönstes Mädchen."
„Lügner!", erröten kann sie ja auch… ich liebe sie.
„Nie würde ich dich anlügen, schönstes Mädchen!"
„Schon wieder… - Lügner!", ich nehme mein Jagdmesser aus meinem Gurt und steche mir ohne Zögern in den linken Arm.
„Hiiiii!", sie erschrickt so süß. Mein Herz fühlt, mein Körper schweigt - kein Schmerz.
„Sagst du noch einmal, dass ich lüge, liebstes Mädchen?!"
„Ist gut, ich glaube dir schon." Sie kommt auf mich zu. Auf ihrem Kopf trägt sie einen goldenen Kranz aus Stoff, in welchen Blumen hineingeflochten sind. Sie nimmt ihn ab, streift die Blumen heraus und bindet mir die Wunde ab.
„Hast du ihn wirklich nicht, meinen Reif?", fragt sie mich mit großen, glänzenden Augen, „Meine Mutter gab ihn mir weiter, weißt du? Der soll ein Teil meiner Mitgift sein, wenn ich einmal heirate" - friedlich muss ich auf diese Worte lächeln.
„Wie heißt du, liebstes Mädchen?", schon wieder errötet sie:
„Nergiz", jetzt erröte auch ich.
„Liebste Nergiz, sei die Blume zwischen den Steinen, die in meine Tür duftet, sei die Nachtigall auf dem Baum, die in mein Fenster singt, sei mir Geliebte, wie ich dir Geliebter sein will."
„Törichter Junge, gibst du mir dann auch meinen Armreif aus Gold zurück?"
Ich hole den Armreif hervor, stecke ihn ihr an und umarme sie. Jetzt liebt auch sie mich, wie ich sie.

***

Nach diesem glücklichen Ende erwachte Deniz und war wieder ein Teil dieser Erde. Er wachte fast schreckhaft auf mit einer Mischung aus einer Prise Furcht und einer hohen Dosis an abstrakter Trauer, als stünde er

im Boxring und linke Geraden würden seinen Magen und seine Leber abtasten. Sie waren nicht gezielt, auch nicht hart, hinderten ihn aber daran, selbst zurückzuschlagen. Das ist eben die Absicht hinter den Geraden mit der Führhand. Sie kommen mit keiner Wucht, aber erzeugen sie einen Schaden auf die Dauer und sorgen dafür, dass man sich nicht aufbauen kann, um dem Gegner auch mal was zum Kauen zu geben - linke Geraden erwirken physische wie mentale Zermürbung. Vergleichbar ist das vielleicht mit abstrakten imperialistischen Instanzen, die einen ungefähr lokalisierbaren Sitz irgendwo auf der Welt haben und in anderen Regionen für Terrorismus, Militärputsche und Bürgerkriege durch Waffen, Söldner und Korruption sorgen, um an Ressourcen zu kommen und potenziellen Gegnern schon einmal präventiv tief *in den Arsch zu treten* (entschuldigt meine Wortwahl, liebe Lesende). Säugetiere, die essen, haben allesamt Arschlöcher und es scheint ein besonders Demütigendes zu sein, in diese mit Gewalt hineinzutreten.
Gefickt und missbraucht kam sich Deniz manchmal vor von seiner permanenten auf ihm liegenden Trauer. Sie lag auf ihm, als wäre er ihr Bett. Wie dreist! Er war das Missbrauchsobjekt und im Anschluss die Raststätte, *das gefickte Möbelstück zum Ausruhen*. Das ist nicht ironisch, nicht zynisch, das ist beschissen. Wenn ihm solche Analogien zu seiner Traurigkeit einfielen, er sich also mit missbrauchten Tieren oder von den USA zerbombten Ländern verglich, musste er schmunzeln, manchmal einsam laut lachen. *Bin ich denn so ein Abschaum, dass ich meine harmlose Melancholie mit Missbrauchsopfern und Bürgerkriegsländern gleichsetze?*, fragte er sich, stieß daraufhin einen Lacher aus und bestätigte laut: „Ja, das bin ich. Ich bin Abschaum!"
Die Gendanken um seine abstrakte Trauer ließen Deniz jedoch nicht los. *Mein Vater ist tot? Wie soll ich bloß weiter Leben? Er war die Säule unserer Familie. Wirklich*

tot? Unvorstellbar, als wenn eine große, schwere und alte Platane vor allen Leuten mitten im Park umstürzt. Ein solcher Zustand der Ratlosigkeit und Bestürzung ist intensiv und schmerzhaft. Aber er vergeht noch… in diesem Leben. Was aber, wenn Lethargie und Melancholie die Seele befallen haben, seitdem man denken kann? Kann man *letharcholisch* geboren sein? Jetzt wurden Deniz' Gedanken doch zynisch. Sie mussten es aber. Er wollte sich ablenken. Es war zu absurd. Sein Vater - wirklich - er liebte ihn. Und es machte ihn krank. Aber beschäftigte Deniz nicht insgeheim seine eigene Person noch mehr?! Trauerte er um den Vater oder bemitleidete er sich nur selbst? Nicht einmal der Tod seines Vaters verleitete ihn dazu, sich selbst zu besiegen - besiegen in diesem Fall heißt, das eigene, innere Gefängnis verlassen und sich mit den Dingen außerhalb der eigenen Seele befassen. Deniz' lethargisch melancholischer, *letharcholischer* Geist war eine Barriere, eine neurologische Fußfessel, die über Sensoren vernahm, wenn Deniz den depressiven Schleier seines Lebens verließ und sich ins pure Glück warf; das Übertreten der depressiven Grenzen wurde unverzüglich dem gesamten Nervensystem gemeldet und schon wusste Deniz' ganze Seele wieder Bescheid, wurde erinnert: *Upps, ich darf doch gar nicht glücklich sein!* Abstrakte Trauer bedeutete also nichts anderes, als Trauer zu empfinden, ohne einen bestimmten Grund dafür zu haben, traurig zu sein; man hat eine verschwommene, trübe Grundkonstitution, eine Prägung der Seele, die grundlos und reflexartig Trauer anzieht.

***

Deniz' Vater war verhältnismäßig früh gestorben und überhaupt: Er hatte nie gelebt. Er hatte geschuftet. Das war kein Leben gewesen. Und Deniz war so egozentrisch, dass er sogar jetzt, kurz nach dessen Ableben,

sich selbst mehr leidtat, als dass er über den Vater trauerte. Er trauerte nicht um den Vater, der, nachdem er über fünfzig Jahre, ohne eine Kindheit oder Jugend gelebt zu haben, wie Vieh gearbeitet hatte und starb, ohne wenigstens ein friedliches und ruhiges Rentnerleben zu führen. Er trauerte noch eher darüber, dass er selbst jetzt vaterlos war, uferlos war. Dass er einsam auf dem Meer trieb, ohne Land zu sehen.
Große Selbstzweifel befielen und plagten wieder Deniz' Herz: *Wieso kann ich nicht wie ihr sein? Wie alle anderen da draußen! Warum bin ich so, wie ich bin?* Tränen traten ihm in die Ränder seiner Augen; jedoch, kurz bevor er zu weinen beginnen konnte, wurde er wieder Herr seiner Gefühle und sagte sich kurz und aufmunternd, *Aber aber, mein Lieber…*, und kratzte sich mit einem Lächeln am Hinterkopf. Er hielt sich den einen Arm und dachte beschämt, *warum hab' ich mir denn im Traum in den Arm gestochen? - was für ein melodramatischer Kitsch!*
Er hatte doch nur wieder seine fünf Minuten, in denen er versuchte, seine abstrakte Trauer zu konkretisieren, indem er seinen momentanen Zustand reflektierte. Seine Trauer war aber eben nicht konkret oder bestand höchstens aus einer unzähligen Vielheit an manifestierten Konkreta und war längst nicht mehr zu überschauen - *Ja ja, so ist das halt, mein Lieber*, beschwichtigte sich Deniz selbst. Er war zwar noch akut traurig, aber in ein paar Minuten würde es wieder nur subtil sein. Dann würde die Trauer wieder lediglich auf ihm schlafen und sich ausruhen. Und hin und wieder konnte er sogar zurückschlagen. Wenn er z.B. etwas Schönes aß oder las oder wenn er nach einem ungezwungenen Nickerchen friedlich die Augen öffnete und Hannas Duft witterte, sich in sie legte, seine Wangen an ihren Busen schmiegte. Unlebenswert war das Leben auch nicht. *Nein nein, mein Lieber. Es geht schon weiter. Irgendwie.*

***

Gänzlich wach geworden trank Deniz seinen morgendlichen Kaffee. Hanna hatte ihn gemacht, war aber schon lange unterwegs zu ihrem Aushilfsjob. Der Kaffee war also schon kalt, was Deniz aber noch nie gestört hatte. *Heiß gebrühte Getränke schmecken kalt noch besser.* Er wusste nicht mehr genau, als was Hanna arbeitete neben der Uni. Irgendwas mit Kindern. *Aufsicht, Unterricht, Kurse? Keine Ahnung.*
„Mögest Du es gut tun, was auch immer du tust, meine Liebe!", er hielt die Kaffeetasse dabei hoch und grinste zum Fenster hinaus, als würde er auf Hannas Wohl, die schon weit weg war, trinken, „...gutes Gelingen!"
Er dachte über seinen Traum von vorhin nach. Was war das doch für ein wunderbarer Traum? So aus dem Muster fallend. Nicht wie sonst. Niemand, der ihn verfolgte. Er wurde nicht abgestochen oder abgeknallt. Hatte keinen Sex. Er träumte eine richtige Liebesgeschichte. Naiv, unbefleckt und unschuldig. Dann fragte er sich, ob das wirklich ein Traum gewesen war. Hatte er sich das alles vielleicht nur vorgestellt? War das eine bewusste Sehnsucht? Aber er war doch nicht wach gewesen. Oder war er doch wach gewesen? War es ein Tagtraum? Er wusste es nicht mehr. Aber er erinnerte sich noch an den kleinen Schreck am Ende, als hätte sich ein Aufwachen ereignet. Dann hatte er doch geschlafen; es war doch ein richtiger Schlaftraum. Oder warte; womöglich wurde er kurz vorher schon wach, stellte sich diese Geschichte vor und erschreckte sich dann im Wachzustand? Das könnte sein. Seine Wahrnehmung war seit einiger Zeit relativ betrübt. Er hatte ja auch die letzten zwei Tage durchgehend gesoffen. Wer weiß, Schlaftraum oder traumhafte Sehnsucht im Wachzustand? - - Er gab das Selbstverhör auf. Die Frage blieb ihm also ungeklärt. *Eine schöne*

Liebesgeschichte war es aber auf jeden Fall gewesen, dachte sich Deniz zufrieden grinsend.

4. Ali Haydar

Vierzig Tage waren seit dem Ableben des Vaters vergangen. Fast vierzig Tage war Deniz nun in Kiel. Fast vierzig Tage hatte er Hannas Wohnung nicht verlassen. Fast vierzig Tage keinen Wodka getrunken. Vierzig Tage hatte er seinen wuchernden Bart nicht angerührt, den er nur durch ständiges Waschen pflegte. Alles geht vorbei. Schmerz vergeht. Im Schmerz zu wissen, dass dieser temporäre Zustand ein Ende finden wird, ist eine pragmatische Selbsttechnologie, die uns das Leben erträglicher macht.
Es reicht nun. Ich hab' mich genug bemitleidet. Vierzig Tage. Warum eigentlich vierzig? Was haben die Türken nur mit dieser Vierzig? *Kırk*. Willkür? Da fiel ihm ein Zitat von Natsume Soseki ein: „Das Universum ist voll von unverständlichen Phänomenen, darunter befindet sich jedoch kein einziges, dem nicht zu Sinn und Bedeutung zu verhelfen wäre" - der menschliche Verstand akzeptiert nämlich keine Zufälle, die menschliche Vernunft ist ein einziger Exegese-Apparat. - - So oder so: Deniz jedenfalls hatte sich aus Respekt vierzig Tage lang nicht rasiert. Warum?
Um die Seele zu stärken, braucht es Rituale. Z.B.: *Immer, wenn du allein bist und merkst, dass deine Leber zu zittern beginnt und du einen Stich in deinen Magen kassierst, sagst du vierzigmal laut „Siktir et, es geht vorbei".*
Natürlich wusste Deniz, dass das psychologisch gesehen kein sinnloses Unternehmen war. Sämtliche philosophisch anthropologischen Werke befassten sich mit dem Sinn von Ritualen, schon bei Konfuzius und genauso noch heute. Fromm war Deniz zwar nun wirklich nicht mehr seit seiner Pubertät. Den Koran auf arabisch konnte er wie gesagt zwar vierzigmal besser

rezitieren als alle Muslime in seinem Freundes- und Bekanntenkreis, an dessen *Märchen* konnte er dennoch nicht glauben - *war das eigentlich ein doppelter Beweis dafür, dass er wahrscheinlich intelligenter war, als alle Muslime, die er persönlich kannte?*, fragte er sich. Sein Verstand war doch tüchtiger und seine Vernunft autonomer, glaubte er. Glücklicher machte ihn diese Selbsterkenntnis jedoch keinesfalls. *Wäre ich doch bloß Muslim geblieben!*
Schon gut; sinnlos waren rituelle Praktiken wirklich nicht, das wusste Deniz, auch wenn die Legitimationsgeschichten dahinter nur erfundene Doktrinen waren. Schon die ersten vierzig *Siktir-et*-Mantras erzielten eine beruhigende Wirkung. Nach zwei Wochen bemerkte er, dass er über einen Tag gesehen signifikant weniger depressiv war. Nein, nein, er wusste, von Anfang an, sinnlos war es sicher nicht, das wird schon eine Wirkung erzielen, ganz bestimmt. Aber so schnell und so erheblich? Hätte man sich das erhoffen können? *Was soll's, siktir et….*
In vierzig Tagen hatte sich sein fast schon suizidaler Zustand in ein beinahe selbstbewusstes Glücklichsein verwandelt. „Lang lebe der König von Siktiretistan!", sprach Deniz mit einem breiten Lächeln in den Spiegel, als er sich nach der Gesichtsrasur Kolonya auf die Wangen ohrfeigte. Der Trauerbart war jetzt ab - *siktir et.*
Vielleicht war es auch einfach nur eine längere Hochphase, die als logische Wirkung auf eine tiefe, einschneidende und intensive Trauerphase folgt - bipolare Episoden sozusagen. Schon bekam Deniz Angst, dass seine innere, melancholische Fußfessel wieder Alarm schlagen könnte. „Du darfst nicht glücklich sein! Pass auf, jetzt lachst Du, aber wie lange noch?!"
Kennt ihr das, liebe Lesende, wenn ihr, während ihr vermeintlich glücklich seid, schon fürchtet, in der nächsten Minute tief unglücklich zu sein? Liebe Lesende, stellt euch Deniz' Leben wie folgt vor: Ihr

lest einen Roman, habt schon dutzende Seiten gelesen und fragt euch plötzlich, wie viele Seiten dieses Werk denn überhaupt hat, um ungefähr einschätzen zu können, welchen Anteil ihr bereits gelesen habt bzw. wie lange ihr noch lesen werdet (müsstet). Also blättert ihr auf die letzte Seite und wollt auf die Seitenzahl schauen, lest dabei aber versehentlich aus dem Augenwinkel heraus den letzten Satz mit, der so etwas aussagt wie „Und dann starb er"

- - Genau das war Deniz‘ Schicksal! Er lebte jede Sekunde seines Lebens mit dem tragischen Wissen über die letzte Seite seiner Geschichte. *Alles, was lebt, ist bald tot.*

Entschlossen aber fasste sich Deniz nach diesen trübseligen Gedanken an die Brust und packte sich am Kragen seines Hemdes - *wenn ich mich jetzt nicht an diesem Halm, an diesem kleinen Glücksmoment festhalte, bekomme ich vielleicht nie wieder eine solche Chance*! Wichtig war es jetzt, auf diesem im Grunde noch ziemlich fragilen Fundament mit kleinen Glückserfahrungen, Stein auf Stein, zu bauen. *Wenn es funktioniert, funktioniert es. Wenn nicht, dann nicht. Einfach machen! Siktir et.*

Um seine Hausarbeiten konnte er sich jetzt nicht mehr kümmern, auch wenn er sie schnell schrieb und immer sehr gute Noten bekam. Er wollte weniger denken. Sein Körper musste arbeiten. Das war die nächste Ritualkonstante. Jeden Tag Kraftsport und Laufen. Noch fast sechs Wochen bis zum nächsten Semester. *Jeden Tag Pumpen und Laufen. Zweimal.* Körper und Seele schulen - *die Sorge um sich selbst.* „Danke Foucault, du charmant schwuler Begleiter meines Geistes, treibe mich auf dein Ufer!", sprach Deniz in den Raum, mit feierlich geschlossenen Augen und der Hand auf dem Herzen.

Deniz hatte täglich Rückfälle. Er ging jedoch besser mit ihnen um. Er ging richtig mit ihnen um. Er unterdrückte sie, er verschwieg sie, er bestritt sie, er lachte sie aus.

Alles lief besser. Hanna war ihm manchmal weniger Mutter, dafür mehr Geliebte. Sie war glücklicher und befriedigter. Der Sex war weniger schmerzhaft - sicherlich war das sehr schade einerseits, die Lust musste Abstriche machen. Vorher war der Sex ein abscheuliches Bestrafungsspiel zwischen zwei mitleiderregenden Seelen gewesen, die zwar einer sadomasochistischen Hierarchie folgten, diese aber ziemlich irrelevant und flexibel gewesen war. Denn beide Seelen wollten sich nur in ihrem eigenen Leid brennen sehen. Der Sex war also MM mit SM-Fassade gewesen. Wie gesagt hatte sich das nun aber etwas gewandelt. Das hieß jetzt jedoch nicht unbedingt, dass der Sex schlechter geworden war. Er war anders; neutraler, irgendwie sportlicher, mechanischer, gleichmäßiger, aber auch unbelasteter, weniger stürmisch. Es passte zu Deniz' seelischem Zustand. Er brauchte weniger Sturm und Drang, dafür einen bescheidenen Rhythmus, keine Kriege und Schlachten, Unbeteiligtheit - Biedermeier. Außerdem machte diese ausgeglichene Phase auch Hanna glücklicher. Hanna wurde irgendwie *hannamäßiger*. Hatte sie sich für Deniz nicht so angestrengt gekrümmt die ganze Zeit über? Seitdem sie zusammenkamen, hatte sie alle Stimmungsschwankungen des labilen, jungen Mannes abgefangen und zu neutralisieren versucht.
Sie war jetzt frischer. Leichter. Wurden ihre Brüste nicht irgendwie kleiner und fester? Ein fester, gleichmäßiger Rahmen umspannte seit kurzem nicht nur ihren Alltag mit Deniz, nicht nur ihr Gemüt und Gefühlsleben, sondern auch ihren Körper - ihr Fleisch blieb stramm beieinander. Deniz, der grade die fleischlichen Ausschweifungen an Frauen liebte, der sich in großen, weichen, hängenden Brüsten von Frauen am liebsten labte, assimilierte, verlor, in ihnen sich bestatten lassen wollte, fand im Gegensatz zu seinem eigentlichen Geschmack sogar Gefallen an der neuen Hanna. Nach dieser Erkenntnis kam er sich für einen

Augenblick *denizunmäßiger* vor, aber: *siktir et*.
Nun hatte Deniz nur noch eine knappe Woche bis zum Beginn des neuen Semesters. Fertig und frisch angezogen mit glänzendem Gesicht verließ er das Haus. Schon plagten ihn die ersten Dinge. Wo soll man anfangen? Es war heiß, die Sonne schoss durch sein Hirn. Er kniff die Augen zu. Simultan dazu verspürte er ein Ziehen im Kopf. Er konnte sein Gehirn spüren, leichter Kopfschmerz. So schlimm, um ihn jetzt gänzlich zurückzuwerfen, war es nicht. Aber man muss schon sagen, dass, wenn man so motiviert aus der Tür gleitet, nachdem der eigene Vater vor kurzer Zeit verstorben ist, man sich also, *verfickte Scheiße nochmal*, so zusammenreißt, sollte einem das Schicksal Mut zusprechen, statt einem Blitze in die Birne zu knallen. Er ging also weiter zur Bushaltestelle, um zur Unimensa zu fahren. Der Bus zur Uni war meist ein ironischer Sadist, kam zu spät, wenn Deniz pünktlich war und kam überpünktlich, wenn Deniz in leichter Eile war. Wie viele Zigaretten hatte er an dieser Bushaltestelle schon aus Zorn in sich gesaugt, wenn er den Bus verpasst hatte…. Dieses Mal schaffte er es aber rechtzeitig, musste jedoch einen kleinen Sprint investieren. Es war heiß, er hatte leichte Kopfschmerzen und jetzt schwitze er noch dazu - das Pochen in der Birne wurde stärker und stärker.
In den Bus eingestiegen öffnete er die ersten Knöpfe seines dunkelblauen Hemdes und sagte zu sich selbst *relax ese!*, ein Zitat aus seinem Lieblingsfilm „Blood in Blood out". Der Film handelt von Kränkung, Hass, Gewalt, Kriminalität, aber auch Liebe und Familie. Deniz musste immer an das Ende des Films denken, wo Cruz, einer der Hauptfiguren, der seelische wie körperliche Höllenqualen durchlitten hat, trotz alledem mit einem Lächeln im Gesicht und brüderlichem Enthusiasmus versucht, Paco dazu zu bringen, sich selbst zu vergeben und auf das einzig Positive, was

ihnen noch bleibt, zu setzen: *La Familia…. Aber,* fragte sich Deniz, *was ist mir jetzt noch von der Familie geblieben ohne Baba?!*
„Lache und die ganze Welt lacht mit dir", dieses Zitat aus dem koreanischen Film „Oldboy" zum Motto gemacht stand Deniz nun vor der Mensa II in der Leibnizstraße. Er hatte niemandem geschrieben. Er hatte sich mit niemandem verabredet. Er wollte sich nur mal wieder an die Uniluft gewöhnen, sich ein bisschen akklimatisieren. Er ging durch die Glastüren, lud sich Geld auf die Campuskarte und erwarb sich damit irgendeinen nach Einheitsbrei schmeckenden Einheitsbrei, welcher sich auf einem grauen Tablett langweilte. Er schüttete so viel Tabasco auf den Einheitsbrei, dass der Einheitsbrei nur noch einheitlich nach Tabasco mit Einheitsbrei-Konsistenz schmeckte. *So ungefähr müsste Deutschland schmecken, wenn die AFD regieren würde,* dachte sich Deniz.
Ohne regulären Univerkehr war der Ess-Saal eher leer. Er saß allein außen an den Fenstern. Das Kauen beim Essen ließ er für jeden spürbaren Windzug kurz pausieren. Er genoss das kühle Schmiegen von Luft an seine nasse Stirn. Manchmal streckte er dabei die brennende Zunge heraus und atmete wie ein Hund. Genau jetzt in diesem Moment war er glücklich. Die innere Hitze wurde wohl taktiert abgekühlt, dass die Hitze nicht zur Last, aber man der Abkühlung auch nicht überdrüssig wurde.
Deniz schwelgte und döste. Er reflektierte und räsonierte über seinen idyllischen Zustand. *So ist das gut, so ist's richtig. Ich muss mir all diese positiven Stimulatoren gönnen. Ich muss sie sammeln. In der Masse liegt die Kraft.* Dieser Harmonieballon wurde dann allzu plötzlich durch eine Nadel zum Platzen gebracht. Die dafür verantwortliche Nadel war ein junger Mann, vielleicht zwei bis drei Jahre älter als Deniz, der sich einfach gegenüber von Deniz gesetzt hatte. Er hatte einen dichten, mächtigen, schwarzen

Bart mit klaren Konturen. Der Schnurrbart lag auf den Mundwinkeln und wurde durch eine feine Lücke vom Backenbart getrennt, wodurch er in seiner Länge gezogen bis kurz unter die Unterlippenhöhe eindrucksvoll zur Geltung kam und sich von dort aus nach außen hin endlich mit dem Backenbart einte. Der Hals war bis zum Unterkiefer rasiert. Auch der Unterlippenbart war gesäubert und formte einen kleinen Trichter, der in den Kinnbart mündete. So machte dieser dichte und mächtige Bart insgesamt einen sehr gepflegten Eindruck. Die Haupthaare waren schwarz glänzend, die Spitzen von links nach rechts geworfen, bis sie beinahe sein rechtes Ohr erreichten, wobei *Seiten und Hinten* fast auf Null rasiert waren. Die Brauen waren genauso pechschwarz wie alle anderen Haare dieses Kopfes, genauso voluminös, genauso gesäubert und in Konturen gegossen. Sie waren breit, dicht und lang, aber weder aufdringlich noch hässlich. Sie strahlten herrlich nur Macht und Selbstbewusstsein aus. Natürlich hatte er auch dichte und lange Wimpern, die auf den dicken Lidern eingepflanzt waren, die wiederum weit aufgezogen werden mussten, damit die großen dunkelbraunen Augen herausstrahlten. Seine Lippen waren so geformt, dass eine durchschnittliche Frau ein Vermögen für Schönheitseingriffe ausgegeben hätte, um diese Wölbungen zu erhalten. Ein Biodeutscher hätte sein Aussehen als *eindeutig orientalisch* subsumiert. Seine Haut, auch wenn sie aktuell etwas durch den Sommer gebräunt war, ließ erahnen, dass der Grundton relativ hell gewesen sein muss, ähnlich wie bei Deniz. Dementsprechend schätzte ihn Deniz eher als Türken, Kurden oder womöglich Iraner ein.
Wie auch immer, dieser *schöne Südländer* hatte ganz klar gegen Deniz' Idylleregeln verstoßen. Eigentlich wog dieses Vergehen jetzt nicht unbedingt so schwer und wollte Deniz ja *die Welt anlächeln*. War aber dieses Ereignis zu unorthodox, um es als positive

Wendung aufzunehmen. Der Verstoß: Warum setzte sich der Typ genau vor ihm hin, wenn der Saal relativ unbesucht war und überall ganze Tische vollständig freistanden? Diese Person zwang Deniz praktisch dazu, sein Mahl abzubrechen und sich essenzielle Fragen über das Leben zu stellen, die durch eine solche Ausnahmesituation entfesselt wurden. Gerade, als Deniz in seinen Gedanken versunken den jungen Mann observierte, wurde er durch denselben unterbrochen.

„Moin", hieß es plötzlich mit einem Lächeln als Geschenk.

„Mohoin", antwortete Deniz heuchlerisch mit einem leichten Nicken. Er fragte sich, ob der Typ bemerkt hatte, dass Deniz ihn für einen zu langen Moment angestarrt hatte.

Deniz war überrascht. Er riss sich einige Minuten zusammen und schaute nicht mehr hinüber zu ihm. Der Typ gegenüber aß ganz gewöhnlich weiter. Um nicht aufzufallen, fing auch Deniz wieder zu essen an. Eine weitere Minute verging und Deniz hatte den Typen fast schon vergessen und war mit dem Endspurt seines Mahls beschäftigt. Dann auf einmal hörte er kratzende Geräusche von einem Video in unmittelbarer Nähe. Der Typ gegenüber hatte sein Handy herausgeholt und schaute sich entspannt zum Essen irgendeine belanglose Sache an. Und schon wurde Deniz wieder unruhig. *Digga, das ist einfach nicht sein Ernst! Wie kann man nur so penetrant sein?! So kann sich ein menschliches Wesen doch nur mit Absicht benehmen. Der will mich hier doch einfach nur seelisch trocken in den Arsch ficken. Du abgefuckter Hundesohn! Was willst du von mir?! Ich will doch nur leben. Ich will doch nichts, außer leben. Einmal befreit leben. Einmal ohne Sorge eine Sekunde verstreichen lassen. Einmal nicht auf den Tod warten. Einmal nicht an den Tod denken. Einmal keine Angst haben. Einmal keine auf mir liegende Trauer fühlen. Einmal nicht die Bitterkeit meiner Leber auf der Zunge schmecken.*

„Sorry, ich hoffe, der Sound nervt dich nicht", sagte der gegenübersitzende, junge Mann, der Deniz‘ verstörtes Gesicht bemerkt hatte.
Überrascht schlüpfte Deniz aus seiner inneren Hassrede heraus und versuchte, seine Scham erneut unredlichst zu überkompensieren: „Ach Quatsch, alles cool, war hier eh alles so leise und verlassen. Ich heiße übrigens Deniz."
„Freut mich, Deniz, ich heiße Ali Haydar. Die Almans fühlen sich immer so schnell belästigt. Aber bei dir dachte ich - du scheinst ja, wie ich, ein Kanake zu sein - dass das bestimmt nicht so kelek ist."
„Ne, ist nicht kelek", beide lachten sie laut. Nach einer kurzen Stille sagte Deniz: „Ali Haydar… klingt nach einer alevitischen Namenskombination."
„Ich bin Schiit, Bruder."
„Ach so, du bist Perser. Sorry, ich dachte, du wärst Türke."
„Bin ich an sich auch zum Teil und ich bin auf jeden Fall kein Perser. Ich bin Iraner, Bruder. Mein Vater ist Azeri und meine Mutter Kurdin. Bin aber bei meiner Mutter in der Sippe meines Vaters aufgewachsen, weswegen ich auch Azeri spreche neben Kurmanci, Persisch, Deutsch und Englisch."
„Not bad", wieder lachten sie beide. „Dafür hab‘ ich das Latinum" - bilaterales Gelächter.
„Ach so, das hab‘ ich aber auch noch dazu", sie lachten wie zwei Verliebte über jede billige wie fragwürdige Pointe, deren Anspruch ungefähr so geschmackvoll war wie dem französischen Sternekoch eine amerikanische Barbecuesauce.
„Könnten wir uns vom Ding her dann auch auf türkisch unterhalten?"
„Elbette men Türkçe danışa bilerem."
„Hahaha, das klingt tam lustig."
„Ja, ich weiß. Das ist wie der Unterschied zwischen dem Deutschland-Deutschen und dem Österreich-Deutschen."
„Ja, ich denke, wir sollten beim Deutschland-Deutschen

verbleiben.... Apropos, fühlst du dich eigentlich eher deutsch ooder iranisch oooder türkisch oooder kurdisch?", Deniz zog jedes „oder" spielerisch kokett in die Länge unterstützt durch überzogene Gesten, um das Gesagte zu veralbern.
„Gute Frage, ich muss zugeben, meist fühl' ich mich wie, als wäre ich im falschen Film...", großes, beidseitiges Gelächter. „Nein, wenn ich ehrlich bin, irgendwie krieg' ich hier nicht das Gefühl, so ein *richtiger Deutscher* zu sein. Außerdem bin ich erst mit acht hierhergekommen. Ich bin in Zandschan geboren und zum Teil aufgewachsen. Ich sag' meistens einfach, dass ich ein Deutschiraner bin."
„Ja, interessant. Ich bin in Hamburg geboren. Hamburg ist auf jeden Fall meine Heimat. Aber ich weiß, was du meinst mit dem *ein richtiger Deutscher sein....* Das Ding ist, die Türkei ist die Heimat meiner Eltern - ist das etwa nichts wert?! Ich liebe *meine* Heimat, wie ich mich liebe und die Heimat meiner Eltern, wie ich meine Eltern liebe!"
„‚Was ist ein Mann ohne Familie?!'", würde jetzt der Pate Vito Corleone fragen..." - gefälliges Gelächter der beiden - „Du rauchst bestimmt, nä? Wollen wir runter und uns 'ne Ziese gönnen?", fuhr Ali Haydar fort.
„Ja, safe."
So gingen zwei neue Freunde vor das Mensagebäude und ließen ihre Lungen vor dem Eingang ein Fest feiern. - - -
Liebe Lesende, wer von euch jetzt bezweifelt, dass zwei Menschen, die sich grade kennengelernt haben, so schnell harmonieren und so viel über sich offenbaren befreit von aller Vorsicht, dem kann ich gratulieren: Du scheinst kein Kanak zu sein. Freu dich, das Land gehört dir amına koyiim, nimm dir, was du brauchst, wir zahlen die Rechnung!

***

Ali Haydar studierte Medizin und stand am Ende seines Studiums. Sein Vater stand seiner Zeit ebenfalls kurz vor dem Abschluss seines Medizinstudiums, als der Iran-Irak-Krieg begann und er beschloss, sein Land zu verteidigen. Kurze Zeit nach dem Waffenstillstand war er nach Hamburg emigriert, hatte seine frisch geheiratete Frau, deren Schwangerschaft sich noch nicht bemerkbar gemacht hatte, bei seiner Familie gelassen und angefangen, über Umwege auf dem Hamburger Kiez als Türsteher zu arbeiten. Ein seitens der USA befeuerter Krieg hatte das Schicksal eines jungen, angehenden Arztes aus der persischen Tradition ibn Sīnās genommen und ihn vor die Tür eines beliebigen „Saufschuppens" der Reeperbahn gestellt.
Aus der Fremde gab er seiner Familie im Iran die Anweisung, seinen neugeborenen Sohn nach seinem verstorbenen und geliebten Vater Ali Haydar zu benennen. Nach fast einem Jahrzehnt holte er seine junge Familie nach Hamburg. Der Türsteherjob hatte sich schon längst als gutes Stellensuchforum für Angebote zu kriminellen Unternehmungen im Milieu erwiesen. Ali Haydars Vater nahm quasi alles mit, was die Szene bot - Sexarbeiterinnen fahren, illegales Inkasso und Erpressung, Einbrüche, Überfälle und spezifische Personenaufträge. Er hatte sich als aggressiver, skrupelloser und brutaler Schläger einen Namen gemacht. Als er dann nun endlich von den Mitgliedern einer albanischen Familie - Familien hatten in den Neunzigern noch Einiges mehr zu sagen auf dem Kiez als Rockerklubs - via Auftragsmörder exekutiert wurde, hatte er einer Witwe, die kaum deutsch sprach, und dem neunjährigen Ali Haydar immerhin eine ausbezahlte Eigentumswohnung in Hamburg-Altona hinterlassen.

***

Lag es daran, dass Ali Haydar und Deniz beide junge und angehende *Kanakedemiks* waren, die sich in ihren Zwanzigern eine Identität suchten, oder dass beide Halbwaisen waren - Deniz und Ali Haydar begannen, sich in den nächsten Monaten mehrmals die Woche an der Uni zu treffen.

5. Puffgeschichte

Der Sommer wurde dieses Jahr vom Winter abgelöst, hatte man das Gefühl - bis in den November war es noch relativ warm gewesen, der Herbst hatte verschlafen und schon brach im Dezember der Winter an. Die Weihnachtsferien standen vor den feierlichen Toren der Uni Kiel, dessen alte Gebäude des pseudo-orkanischen Ostseewindes wegen zum Teil gesperrt wurden. Eines davon war jenes, in dem Deniz sein Seminar gehabt hätte. Da Deniz leider einer dieser Menschen war, die so verplant sind, dass sie nicht täglich ihre Mails checken, erfuhr er von dem Ausfall seines Seminars erst, als er vor dem abgesperrten Gebäude stand. Er starrte abwechselnd auf das Gebäude, auf die Straße, auf seine Uhr, warf den Kopf in den Nacken, lachte und entschloss sich, eine Zigarette zu drehen. Er rauchte, fror, rauchte aber weiter und fror dann auch weiter. Nach dem Lungenfest aus giftigem Qualm und eiskalter Kielluft ging er in eines der modernen Gebäude der Uni, holte sich einen Kaffee aus einem Automaten, setzte sich an einen Tisch in einer einsamen Ecke der Halle und kramte ein Buch aus seiner Tasche heraus, das er kürzlich gekauft hatte: „Gezeichnet" von Osamu Dazai. Zweieinhalb Stunden, vier Kaffees, fünf Toilettengänge und dutzende Tränen später war die letzte Seite des Romans durchgelesen. Jeder Buchstabe des Buches war ein rotes Blutkörperchen aus Deniz‘ Herz, das in den großen weiten Körper geschossen wurde. Das Buch brachte die Antwort auf Deniz‘ Trauer. Das war es! Deniz war nicht einfach nur unfähig, gesunde Beziehungen mit Menschen einzugehen, nein, er war gar kein Mensch, als Mensch war er disqualifiziert (so auch der Originaltitel von „Gezeichnet", *Ningen Shikkaku*, wörtlich: *als Mensch disqualifiziert*). Er war als Mensch disqualifiziert, er konnte mit den anderen Menschen nicht gleichziehen, indem er andere belog, auf *gute Miene zum bösen Spiel* machte, andere benutze, Dinge, die anderen gehörten, stahl, ihnen wegnahm usw. Er konnte nicht bewusst schlecht sein, böse sein! Er war nicht dazu in der Lage, sich dadurch zu überheben, indem er andere unterdrückte. Er war ein Fabrikationsfehler in der göttlichen Schöpfung. Er war lahm, lethargisch, träge, weil er nicht aufhören konnte, über alles bis ins Detail nachzudenken, alles Leid nachzuempfinden. Er konnte gewisse Hemmungen nicht aufgeben, er konnte kein Tier sein; denn das war es, was das Menschsein bedeutete: Sich wie Tiere verhalten! Der Mensch hat durch sein ausgeprägtes Reflexionsvermögen, das er nur zu bösartigen Zwecken gebraucht, das Tier erst zum Tier gemacht, damit er ein Nicht-Tier, ein Mensch werden kann. Alle bösen Eigenschaften, die er dem Tier verliehen hat, hat er eigentlich von sich selbst abgewälzt - und das bewusst. „Das eigentliche Böse" ist also der *Mensch*, der im Gegensatz zum *Tier* Böse und Gut zu unterscheiden glaubt und dennoch absichtlich bösartig handelt. *Wenn das so ist, dann will ich Tier sein!*, dachte sich Deniz. Aber da irrte er sich, das sage ich euch, liebe Lesende. Deniz war weder Tier, also ein schlafendes, ohnmächtiges Wesen, welches zu Bösem fähig war, noch war er Mensch, ein waches, bewusstes Wesen, welches absichtlich böse war. Deniz war, wie gesagt, ein Fabrikationsfehler - ihm fehlte das Organ zum Bösen; das machte ihn in einer bösartigen Welt zu einem schwachen Wesen. Er konnte keinem vertrauen, er hatte Angst vor allen, vor der Welt und besonders vor sich selbst - so zumindest empfand Deniz in jenem Augenblick. Eine Macke, die Deniz hatte, war, dass er Filme, Bücher usw. nur nach irgendwelchen ihn irgendwie ansprechenden oder anziehenden Auffälligkeiten auf den ersten Blick aussuchte. Niemals aber wollte er im

Vorhinein irgendetwas über den Inhalt wissen. Ein Trailer zu einem Film war schon der halbe Film für ihn und der Klappentext eines Romans der halbe Roman. Nicht einmal den Autor eines Romans recherchierte er, könnte ihm doch schon ein bestimmter Gesichtsausdruck des Autors auf einer Fotografie zu viel über einen seiner Romane verraten, glaubte Deniz paranoider Weise. So hatte er Dazais Roman, weil er das Cover und den Namen des Autors interessant fand, ausgewählt und dann einfach zu lesen begonnen. Die Ausgabe zum Roman, die er in der Hand hielt, hatte nun eine Biographie zum Autoren am Ende parat. Als er beim Lesen der Vita bemerkte, dass der Roman eine Quasi-Autobiographie war, weinte er wieder: „Ja, ja, genau, genau, so was kann man nicht erfinden! Das ist innere Wahrheit! Ja, ja, das ist innere Wahrheit! Das ist innere Wahrheit!" Osamu Dazai hatte sich, kurz nachdem er das letzte Manuskript zu seiner Quasi-Autobiographie abgegeben hatte, noch bevor der komplette Roman veröffentlicht wurde, das Leben genommen. Mit einer seiner Frauen sprang er in irgendeinen Fluss. In einer der zerreißenden Stellen im Roman stellt die Ich-Figur Gott die rhetorischen Fragen „Ist Vertrauen Schuld? Ist Unschuld Schuld?" Deniz fragte sich, *wie generiere ich als Einzelner überhaupt Schuld? Wo fängt meine Schuld an? Wenn Trauer und Einsamkeit die Bestrafung für Schuld sind, bin ich dann per Geburt schuldig?*
Dazais Vorbild, so recherchierte Deniz zügig, war der Schriftsteller Akutagawa, von dem das Zitat „Der erste Akt der Tragödie Menschenleben beginnt damit, dass es Eltern und Kinder gibt." Dieses Zitat zündete in Deniz eine weitere Frage: *Geben seit Adam und Eva Eltern ihre begangene Schuld ihren Kindern weiter?* Deniz büßte für die Schuld seiner Eltern, seine Eltern für die ihrer Eltern - diese Kette ging zurück bis zu dem ersten Menschen. Der erste Mensch hatte entschieden, dass das Menschengeschlecht verflucht sein soll. In

diesem Sinne war auch Dazai per Geburt schuldig, durfte nicht glücklich leben, sein Selbstmord war seine Sühne, die Befreiung, nicht allein vom Leben, sondern von der Schuld des Menschengeschlechts.
Dazais Vorbild Akutagawa hatte sich mit 35 das Leben genommen, Dazai selbst mit 38 und Deniz fragte sich jetzt, wie er es denn so lange bis zu seinem 41. Geburtstag aushalten sollte, um die trilogische Todesreihe zu den beiden Meistern symmetrisch vollenden zu können. Dann lachte er. *Aber aber, mein Lieber, siktir et,* dachte er sich und wusch die Tränen weg, kramte sein Handy raus und rief Ali Haydar an.
„Oooooh, Deniz-caaaaan, was macht das Gemüt in diesen kalten Zeiten? Wie kommt der Herr darauf, gerade jetzt, wo die Lemminge schlafen, bevor sie nach dem Aufwachen über die Klippe gleitend in den endgültigen Schlaf übergehen, seinen Lieblingsfreund anzurufen?!"
Deniz' Grinsen expandierte sofort so breit, wie sein Gesichtsimperium Platz hatte: „Warum bist du so ein baba Typ, ya?!", entgegnete er lachend.
„Ich bin baba, du bist baba, das Wetter scheiße, aber ein Lächeln ist trotzdem in meiner süßen Visage."
„Haha... ok, chill. Was machst du?", Deniz lachte noch immer.
„Hamburg, chillen, du?"
„Nix, Kiel."
„A'so."
„Ja, man."
„Was los, Diggi? Sag' an", Ali Haydar brachte das Telefonat endlich auf die nächste Stufe.
„Nix, ya. Mein Cousin hat mir geschrieben, aus Celle."
„Ja, und weiter?"
„*Komm vorbei*, dies das. In Hannover gibt's tam den unnormal geilen Puff. Flatrate, zehn bis fünfzehn Frauen. Paar Cousins aus Celle fahren dahin, meinten, ich soll erstmal nach Celle kommen, abholen, dann hin, dies das..."
„Haha... mieze Geschichte. Was hat meine Wenigkeit damit zu tun?", und schon wieder wurde dank Ali Haydars

Eifer eine weitere Stufe des Gesprächs erklommen.
„Ich nehm' den Wagen von Hanna, hol' dich ab, und noch HEUTE ABEND, werden deine WENIGKEIT, ach was red' ich, deine EWIGKEIT und ich NEBENEINANDER HOCKEN UND SCHWERTER KREUZEN!", einige der letzten Wörter rief er in einer begeisterten Predigerdiktion ins Telefon.
„Deniz, mein Freund, du bist, ja, du bist, du bist einfach... nein, du bist nicht *das*, was mir grade *nicht* einfallen will - du bist *es*, du bist nichts anderes als *es*, du bist ES!"
„Haha... vernehme ich da grade ein implizites *Ja*?"
„Ja, verdammt, ja, ja, ich will!"
„Bester Mann! Hole dich in genau anderthalb Stunden ab."
„Ok, mon amour, werde mir die Selbstbefriedigung für einen anderen Tag aufsparen."
„Tu das, mien Fründ", sagte er lachend und versuchte, nicht an einen nackten Ali Haydar, der auf seinem Bett lag und onanierte, zu denken - das fiel ihm aber schwer.

***

Anderthalb Stunden später stand Deniz mit laut aufgedrehter „Kreutzersonate" im Wagen vor dem Wohngebäude, wo Ali Haydar samt Mutter wohnte. Das Viertel war eines von Altona, das von der Gentrifizierung selbstverständlich nicht ausgelassen wurde, aber nichtsdestotrotz noch einige Atavismen an *Ausländerbestand* beherbergte - war Deniz noch einen Block vorher nach der Ulu Cami (Moscheegemeinde) in Ali Haydars Straße abgebogen. Er erinnerte sich. Altona war einst für ihn als Kind schon ein aufregender Stadtteil. Läden, Boutiquen, Cafés und Restaurants; türkische Geschäfte, Barbiere, ein paar Moscheen und Verwandte - drei kleine Aslanfamilien (Aslan war der Familienname von Deniz' Mutter, bevor sie heiratete; im Gegensatz zu Deniz' Vater kam sie aus einer großen Sippschaft)

wohnten hier. *Ob hier noch einige der Cousinen und Cousins wohnen?*, fragte sich Deniz. *Keine Ahnung*, Deniz lebte quasi schon seit der Pubertät neben seiner Sippe her und nicht in ihr. Er hatte nur zu einem Cousin - der, der ihn nun nach Hannover gerufen hatte - jemals eine Pseudotiefe in der Beziehung entwickelt; der lebte auch noch weiter weg in Celle und war nur ein Cousin zweiten Grades. Aber sonst war da nichts. Seine Cousins waren ganz anders als er. Sie schlugen, weil sie schlagen wollten, Deniz schlug, weil er sich selbst schlagen wollte. Sie betrogen ihre Frauen, Verlobten und Freundinnen; er auch, aber weil er darunter leiden und sich damit heilen wollte. Sie schmeckten das Leben, er erlitt es; sie jagten, er war satt; sie kotzen und aßen weiter, er konnte es nicht einmal herunterwürgen. Kurz: Sie waren Schweine, und er ein armes Schwein. So belog sich der melodramatische Deniz manchmal, wenn er heuchlerisch sein Leid inszenierte, um sich als einzigen leidtragenden Menschen der Welt zu glorifizieren. Seine Cousins waren keine Unmenschen. Und für manch einen hatte der ins Kriminelle tendierende Lebensstil auch Konsequenzen. Einige seiner Cousins gingen schließlich auch hin und wieder in den Knast. Sie wurden verlassen und verraten, weil sie in einem dynamischen *Milieu* verkehrten. Auch sie erlebten Einsamkeit und Enttäuschung. Sie bezahlten ihren Tribut. *Auf welche Weise werde ich meinen Tribut zahlen*, fragte sich Deniz nachdenklich. *Bedel….*
Deniz hatte im Verhältnis zu seinen Cousins auch Privilegien - *kein Grund, so undankbar zu sein….* Deniz hatte es als einziger an ein Gymnasium geschafft und ganz andere kulturelle Interessen entwickelt. Seine Cousins verstanden Kafka und Chopin, Sabahattin Ali und Beethoven nicht. Sie hörten amerikanischen Rap der Neunziger, Deniz zwar auch, aber der konnte im Gegensatz zu ihnen immerhin fließend Englisch. Deniz war halt

anders - die Kombination aus fühlender Leber, bewegtem Herz und dem alles zerdenkenden Hirn, also aus Empathie, Leidenschaft und Verstand, war nicht ausschließlich Fluch, sondern gleichsam Privileg - quasi wie eine Trinität bzw. Gewaltenteilung innerhalb eines einzigen Menschen, eines empfindsamen und kreativen Menschen. - - Nun ja, wie auch immer, in den letzten Tagen wollte Deniz‘ diktatorisches Herz aber keine Gewaltenteilung. Es wollte sich *be*saufen, dazu das Hirn *ver*saufen und die Leber *er*saufen.

***

Deniz war nun mit Ali Haydar nach Celle gefahren und von dort aus nach Hannover. Mit zwei Autos traf die Truppe aus Deniz, Ali Haydar und fünf Cousins im Hinterhof eines Mehrfamilienhauses ein. Es wurde geparkt und ausgestiegen. Sieben junge Männer bildeten einen stehenden und am Beton haftenden Kreis zur Abendstunde, während sie von einer Außenwandleuchte erhellt wurden, die über dem Hintereingang des Bordells anmontiert war und Motten wie andere Viecher zum Umherirren einlud. Ein Cousin zog eine Whiskeyflasche hervor, einer eine Colaflasche, einer ein paar Plastikbecher, und schon wurde alternierend eingeschenkt. Man wollte gemütlich jeweils zwei Mischen trinken, um die Whiskeyflasche zu leeren, doch schon rief einer mit einem gesunden Antisemitismus (Deniz war der Einzige, der das nicht angemessen fand, schwieg aber…) „Ex oder Jude!", und man exte die erste Mische. Zur zweiten Mische rief einer einfallsreich wieder das übliche „Ex oder Jude!", man exte nochmal und Deniz schwieg nochmal. Nach beiden Runden verzog Deniz leicht den Mund, schüttelte das Gesicht und lächelte im Anschluss verschmitzt, als hätte man ihn bei irgendetwas ertappt. Ein Cousin holte nach dem stehenden und schnell beendeten Trinkgelage einen Blister mit blauen

Tabletten hervor - „Eine Pille für jeden, ihr Schlappschwänze", ließ er mit einem Lachen verlauten. Alle gehorchten und nahmen die Tabletten ein. Man trat schließlich durch die Hintertür hinein, bezahlte an der Rezeption einen Spottpreis von 120 Euro für das *VIP-All-You-Can-Fuck-Angebot*, erhielt Bademantel, Handtuch und ein Armbändchen für die VIP-Kennung, mit der man mit einer Sexarbeiterin private und abschließbare Zimmer nehmen konnte (vorteilhaft für die Schüchternen, die nicht öffentlich kopulieren wollten). Beim Umziehen in der Umkleide wurde noch ein Gruppenfoto für all diejenigen, die nicht gekommen waren an diesem Abend, geschossen. Dann duschte man in der Mannschaftsdusche, wobei sich der eine oder andere noch genital rasierte, damit sich auch ja keine Sexarbeiterin davor sträuben würde, sich oral zu betätigen. Während Ali Haydar und Deniz auf Anhieb mit Sexarbeiterinnen ins Obergeschoss in Zimmer gingen, aßen die anderen Cousins noch vom Buffet bzw. rauchten und tranken an der Bar - alles inklusive im Preis enthalten; wie gesagt, ein Spottpreis, kein Fair Trade. Unmoralische Ausbeutung.
Die Sexarbeiterin, die Deniz ihre Dienste erweisen sollte, ging voraus und führte ihn an der Hand haltend die Treppen hoch. Deniz starrte - es war kein typisches Gaffen - gleichgültig auf ihren gebräunten und glänzenden Po, während die Sexarbeiterin die Treppenstufen bestieg, und bestaunte, wie das hoch gedrückte Fleisch der linken Backe sich entspannte, in dem Maß, wie die rechte Backe wieder anzog und ihr Fleisch sich dementsprechend hochdrückte. Jede Stufe erklomm sie für sich, sorgfältig, Stufe für Stufe; waren die Schuhe, die sie trug, ja schließlich auch hochhackig. Ausgezogen im Zimmer wurde dem auf dem Bett liegenden Deniz der Penis mit einem Gel desinfiziert und kondomfrei-mündlich erhärtet. Danach lag die Sexarbeiterin auf dem Bett, Deniz‘ Penis in der Sexarbeiterin und sein Sperma

schließlich im frisch aufgezogenen Kondom. Vom Ekel, den Deniz sonst nach der Ejakulation fühlte, war keine Spur. Warum eigentlich? Das war in den paar Bordellbesuchen vorher, die er in der Vergangenheit in Hamburg gemacht hatte, auch schon so gewesen. Eine Frau für Sex zu bezahlen, verlangte ihm eine seltsame Professionalität ab; es war irgendwie offiziell, öffentlich und nicht privat. Er *beschmutzte* niemanden. Die Sexarbeiterin war keinesfalls schmutzig - sie machte ja nur ihren Job. *Ein Soldat tötet und ist kein Mörder - so in etwa?* Dieser pietätlose Vergleich brachte Deniz nicht weiter. Aber irgendwie, so empfand er, konnte es keinen saubereren Sex geben kann als mit Sexarbeiterinnen. Nach ein paar weiteren Frauen, einem Snack, ein paar Drinks und einem Saunaaufenthalt mit ein paar Cousins, denen er melancholisch ein paar türkische Volkslieder vorgeträllert hatte, weil sie seine Stimme liebten, saß Deniz mit wenigen anderen Besuchern in der Lounge, während seine Cousins und Ali Haydar alle woanders waren. Es war viertel vor zwölf: „Gangbang-Party!", rief die Barfrau, womit einige aufbrachen und nach oben gingen. Deniz, der zum ersten Mal in einem solchen *Flatratepuff* war, stutzte kurz, weil er keine Ahnung davon hatte, was dies genau zu bedeuten hatte. Da er aber nach ein paar Stunden und mehreren Frauen jegliche Scham abgelegt hatte, ging er den anderen einfach nach und traf oben an der Türschwelle auf Ali Haydar. Gemeinsam betraten sie den Raum, der für die „Gangbang-Party" beachtlich eingerichtet worden war, zogen Bademantel und Latschen aus und stiegen auf das XXXL-Kingsizegemach.
Auf dem Bett vertraten zunächst nur Ali Haydar und Deniz das männliche Geschlecht, während die anderen Besucher, denen Deniz heraufgefolgt war, danebenstanden, zukuckten und mit einer Frau plauderten, die auf einem auffällig geschmückten Stuhl, fast Podest, saß und einen genüsslichen Blick auf das Geschehen auf

dem Bett richtete. Ali Haydar zählte zwei Frauen und Deniz drei; eine hielt seinen Kopf auf dem Schoß und streichelte seinen Nacken, eine leckte seine Brustwarzen und eine seinen Penis. Deniz' Blick streifte hin und wieder Ali Haydar, der aufrecht kniend mit der Rückseite einer verneigt knienden Sexarbeiterin verkehrte, während eine andere ihn von hinten umarmte und an seinem Ohr knabberte. Als Ali Haydars Penis in Deniz' Visier geriet, kehrte Deniz für eine Sekunde voller Demut in sich. Doch war in seinen Gedanken kein Prozent Missgunst. Deniz gönnte seinem Freund dieses prachtvolle Instrument, zumal Deniz einer der wenigen Männer war, die mit Penisgrößen keine Komplexe hatten: *Ein Penis ist wie ein Auto - Hauptsache, es dringt von A nach B*, lachte Deniz nach innen über seinen geschmacklosen Witz in Gedanken.
Nach einigen Minuten trafen auch die Cousins ein. Der eine oder andere gesellte sich aufs Bett dazu, der Rest stand an der Türschwelle des Raumes und jubelte lieber zu: „Oohh, Koseng, du bist ja ein Löwe, nazar deymesin!"
Als das Geschehen geschehen war, gingen alle allmählich runter. Beim Vorbeigehen kreuzten sich die Blicke von Deniz und der Frau auf dem Stuhl. Deniz war als Letzter dabei, aus dem Raum zu treten, da entschloss er sich, doch noch umzukehren. Er ging zur Frau, die noch auf dem Stuhl saß. Sie trug ein schwarzes Korsett aus Lack und darunter Silikonbrüste. „Warum bist du nicht mit aufs Bett?", fragte Deniz.
„Ich bin hier nicht zum Ficken, Freundchen", eine Augenbraue wurde extra nur für diese Antwort hochgezogen, „Kennst du mich denn nicht?"
Deniz schüttelte negierend den Kopf.
Die genervt scheinende Frau schüttelte nachäffend ebenso den Kopf: „Ich bin eine bekannte Pornodarstellerin."
„Ach so..."
- Stille -

...
„Sind die echt?", Deniz deutete mit seinem Blick auf ihre Brüste.
„Was denkst du denn?"
Genervt von ihrer ignoranten Art sagte Deniz: „Nö, die sehen fake aus."
Die Frau machte einen arroganten Laut, eine stimmlose alveolare Affrikate enttönte ihrem Mund: „Tsss..."
Ein paar Sekunden vergingen. „Darf ich sie mal berühren?"
„Nein."
Als Deniz sich gerade abwenden wollte, sagte sie, „Was fragst du überhaupt? Mach doch einfach. Ich werde dich schon spüren lassen, wenn du eine Grenze überschreitest, glaub mir!"
Der nun innerlich lächelnde Deniz ertastete ganz vorsichtig von außen die Brüste und summte dabei irgendeine ironische Melodie, als würde er sein stummes Vorgehen musikalisch untermalen wollen, weswegen die Frau zu grinsen anfing. Befreit durfte nun auch er lächeln. Als er ins Korsett griff, um die Brüste komplett zu entblößen, griff die Frau nach Deniz‘ Hand und sprach hörbar empört „Hey! Nicht so hastig, mein Junge!"
Deniz, der nun einem Erregungsstrudel verfiel, da seine Finger ihre Brustwarzen berührten, holte eine Brust raus und neigte sein Gesicht in Richtung Brust, um sie zu küssen. Wie ein Stoppschild errichtete die Frau ihre Hand und legte sie als Blockade auf Deniz‘ Gesicht: „Schluss jetzt!"
Ihre Hand lag wie eine Aluminiumharke auf seinem Gesicht; Deniz sah durch die Zacken ihre drohenden Augen. Entmutigt ließ er los, entschuldigte sich, wandte sich verdrossen ab und ging die Treppen runter Richtung Lounge. Während die Frau ihre Brust wieder einpackte, lächelte sie ihm wütend hinterher, immer noch über dessen Dreistigkeit empört. Sie hatte ihm aber schon wieder verziehen. Irgendwie hatte Deniz

ihr Interesse geweckt, jedoch nicht auf sexuelle Art. Auf ihrem Gesicht lag eine Besorgnis, in etwa so, wie wenn eine Mutter ihrem unbekümmerten Sohn durch das Fenster nachschaut, so wie er das Haus verlässt. Der Abschied schmerzt, doch erfreut einen der stolze Anblick des Jungen, der sich naiv, frech und allein in die Menschenwelt draußen wirft.

6. Vakkas Yozokan

- Deniz‘ Ahnengeschichte

Liebe Lesende, vorab eine rudimentäre Ahnentafel zu Deniz‘ Vorfahren, die zeigt, wann und wodurch die Vorväter gestorben sind, damit ihr die Familiengeschichte bis zu Deniz besser nachvollziehen könnt (es ist verwirrend…).

***

Vakkas: Ururgroßvater, getötet, Blutrache ca. 1870
Süleyman: Urgroßvater, gefallen, Tripolitanienkrieg 1911
Vakkas: Urgroßvater, gefallen, Schlacht von Sarıkamış 1915
Süleyman: Großvater, Tod an Herzversagen 1980
Vakkas: Vater, Tod an Herzversagen 2018
Deniz: X

***

Deniz‘ Ahnentafel mag zwar etwas tragisch anmuten, doch waren die Mortalitätswerte in jener Zeit nun einmal durch Krieg, Armut, Krankheit und Blutrache tragisch hoch.
Der Vater unseres Protagonisten Deniz Yozokan hieß Vakkas Yozokan, dessen Vater hieß Süleyman Yozokan, dessen Vater hieß wieder Vakkas. In Anatolien war es immer noch üblich, dass der Name vom Großvater an den Enkel geht.
Vakkas‘ Großvater, der ebenfalls Vakkas hieß, also Deniz‘ Ururgroßvater, war einer Blutrache zum Opfer gefallen und verstorben. Sein Sohn Süleyman, Deniz Urgroßvater, der damit in eine Blutrache hineingeboren wurde und

dadurch Halbwaise war, wurde nach der Ermordung seines Vaters von seiner halbnomadischen Mutter an die in dem Dorf Belören lebende Cousine zur Obhut gegeben, damit er nicht dasselbe Schicksal wie sein Vater hätte erleiden müssen, wenn er groß genug wurde, um umgebracht zu werden. Bei dem Mann jener Cousine seiner Mutter lernte er den Beruf des Schmieds. Später öffnete er seine eigene kleine Werkstatt und heiratete eine Braut aus demselben Dorf, als die Nachfrage nach Pferdezeug und besonders Hufeisen größer wurde - die Briten kamen ins Land und bauten in den Gebieten kleine Zentren auf, um verschiedene Gruppen für Aufstände und Rebellionen aufzurüsten und brachten dabei eine neue Einnahmequelle für das einheimische Volk.
Süleyman zeugte drei Kinder. Das dritte und letzte Kind war Vakkas, Deniz' Urgroßvater. Die Erstgeborene starb durch eine schwarze Schlange, die sie beim Traubenpflücken biss. Der Zweitgeborene starb als Kind an Fieber. Süleyman, Deniz' Ururgroßvater, wurde, als der letztgeborene Vakkas noch ein Knabe von sechzehn Jahren war, eingezogen und starb in Tripolis im Türkisch-Italienischen-Krieg. Vier Jahre später ging Deniz' Urgroßvater Vakkas 1915 mit gerade einmal zwanzig Jahren als Bewohner des untergehenden Osmanischen Reiches in die Schlacht von Sarıkamış - Stadt in Nordostanatolien - gegen die Russen und kam nicht mehr zurück. Ob er im Kampf starb oder doch erfror, wurde nie bekannt, was für viele andere junge, tote Männer genauso galt, die für diesen Krieg gegen die Russen im Osten eingezogen wurden. Aus Nachbardörfern kam schon die Nachricht, dass die osmanischen Soldaten von Dorf zu Dorf zogen, an jede Tür klopften und nach Knaben und Männern fragten. Bevor die Soldaten das Dorf Belören westlich des Euphrats, wo Deniz' Urgroßvater Vakkas erst drei Jahre zuvor geheiratet hatte, besuchten, waren schon einige der fähigen Männer des Dorfes im wahrsten Sinne über alle Berge hinweg

geflohen.
Vor seinem Fall in Sarıkamış erbte Vakkas wiederum als einzig übrig gebliebenes Kind vom gefallenen Süleyman die Werkstatt, wurde von einer seiner zwei Tanten verheiratet - die einzigen älteren Verwandten, die er überhaupt noch hatte - bekam einen Sohn, den er nach seinem Vater Süleyman benannte und musste ein paar Jahre später in eine Schlacht, von der er wusste, dass die Chancen des Wiederkehrens minimal waren. Weil er Ehre hatte und vom Imam des Dorfes gelehrt bekommen hatte, dass man durch den Tod im Kampf gegen die *Ungläubigen* in den Himmel kommt, flüchtete er nicht, anders als einige andere Männer des Dorfes wie gesagt (zu denen auch der Imam später selbst zählte!), als Soldaten und Offiziere ins Dorf kamen. Beim Abschied soll er noch einmal den einzigen Sohn, den kleinen Süleyman, Deniz' Großvater, der grade einmal stehen konnte und mit einem kleinen Stock in der Hand spielte, angeblickt und scherzhaft gesagt haben „Kann nicht der Junge hier statt meiner gehen!?"
Süleyman, Deniz' Großvater, regte sich jedes Mal furchtbar auf, wenn seine Mutter dieses Zitat seines Vaters immer wiederholte, wenn ihr das Verhalten des einzigen Sohnes nicht gefiel. „Kein Wunder, dass dein Vater lieber dich in den Tod geschickt hätte, du Teufelskind", sagte sie dann stets, woraufhin Süleyman meist irgendetwas Beleidigendes wie „Erfinde nicht so ein dummes Zeug, du alte Schachtel!" entgegnete. Bereits als junger Mann wurde Süleyman hinter seinem Rücken (von seiner Mutter auch relativ offen ins Gesicht) *Deli Sülük* genannt. Sie nannten ihn *Deli*, also verrückt, weil er schnell erhitzte, alle beleidigte, anschrie und hin und wieder jemanden verprügelte. Schon als Dreijähriger, so erzählte immer die Mutter in Momenten, in denen sie ihren Sohn lauthals verfluchte, soll der Verrückte, also Süleyman, seine Mutter einmal so doll geschlagen haben, dass diese

Tage lang geweint und nicht geschlafen haben soll. Gewalt war also die Lieblingssprache Süleymans. *Sülük* war dabei einerseits eine gängige Möglichkeit der Abkürzung des Namens Süleyman, andererseits bedeutet Sülük auch Blutegel, weswegen sich Deniz immer fragte, inwiefern diese Bedeutung womöglich eine Rolle für diesen Spitznamen im besonderen Fall seines Großvaters gespielt haben könnte.

***

Jedenfalls heiratete der *verrückte Blutegel* erst mit Anfang vierzig. Kein Vater im Dorf wollte ihm seine Tochter geben. Und für eine Braut von außerhalb hatte er irgendwann nicht mehr genug Geld - er hatte alles verspielt, was ihm der Vater hinterlassen hatte, alles Gold, welches die Mutter besaß, jedes Möbel im Haus, Besteck und Töpfe, jedes Werkzeug in der Schmiede und sogar alte Kleider der Mutter, die sie vom besten Schneider aus der Stadt seinerzeit zur Hochzeit geschneidert bekommen hatte. Einmal hatte er am Spieltisch, nachdem alles an Einsatz weg war, sogar seine eigene Mutter verpfänden wollen, woraufhin ihn die Türsteher der Spielhölle hinauswarfen (zu zehnt mussten sie ihn quasi fast bewusstlos prügeln, damit er gezwungenermaßen aufgab und sich nicht mehr wehren konnte). Zählte er als reifer Knabe noch als reichster Erbe des Dorfes, musste er ab Mitte zwanzig anderthalb Jahrzehnte als Tagelöhner auf fremden Äckern arbeiten. Da er stark und robust war, stellte man ihn auch gerne ein und ließ ihn häufig allein für zwei arbeiten - man kann sich denken, dass das nicht nur daran lag, dass er doppelte Arbeit leistete, sondern auch eine ungesellige Persönlichkeit war. Ein Landbesitzer des größeren Nachbardorfes schloss Süleyman ins Herz, wozu es nicht mal seine eigene Mutter vermocht hatte, und gab ihm seine achtzehnjährige Tochter, als Süleyman schon

Anfang vierzig war. Als er dreiundvierzig war, wurde Deniz' älteste Tante geboren und als er fünfundvierzig war, Deniz' Vater, dem er den Namen Vakkas weitergab. Deniz' Vater musste, sobald er zum Gehen fähig gewesen war, schon arbeiten. Als er erst sechs war, musste er nachts kilometerweit vom Dorf entfernt auf dem Feld des Vaters, welches dieser vom Schwiegervater geschenkt bekommen hatte, übernachten und aufs Vieh aufpassen, während der Vater sich daheim mit der immer noch jungen Ehefrau vergnügte, die er, wie erwähnt, ebenfalls vom Schwiegervater *geschenkt* bekommen hatte. Die Tracht Prügel, die der kleine Vakkas jahrelang vom Vater einstecken musste, ließe sich mit herkömmlichen Waagen kaum wiegen.
Als alle Gleichaltrigen im Dorf in der kleinen Dorfschule eingeschult wurden, war auch Vakkas dort gewesen. Mit dem jungen Lehrer, der aus einer größeren Stadt berufen worden war und dialektneutral türkisch sprach, versammelten sich die kleinen Kinder vor einer lebensgroßen, schwarz glänzenden und auf einer etwa gut ein Meter hohen Säule residierenden Atatürkbüste. Das Einschulungsritual sollte beginnen, da hörte Vakkas die Stimme seiner vor Schmerz stöhnenden Mutter sich nähern, die von der schreienden Stimme des Vaters begleitet wurde: „Vay, du Sohn eines Esels!"
Zu schön hatte es am selben morgen noch geklungen, als die Mutter ihn geweckt, ihm ein halbes Brot und eine Tomate mitgegeben hatte und ihn unterwies: „Schau auf dem Weg zur Schule noch bei unserem Nachbarn Yusuf Emmi vorbei, der bewahrt für dich eine saubere Schuluniform auf."
Als im Spätsommer zuvor - da war Vakkas fünf - der Jahrgang über ihm eingeschult wurde, ging er zur Arbeit auf dem Feld gelegentlich früher los. Er machte einen kleinen Umweg, ging in die Nähe der Grundschule, band seinen Esel etwas weiter weg an einen Baum, legte seine Last ab und setzte sich auf einen hohen Hügel. Von dort aus konnte er zum Teil den gesamten Schulweg

der Dorfkinder beobachten. Immer, wenn welche an ihm vorüberkamen, versteckte er sich und beobachtete sie heimlich. Er hörte ihren flüchtigen Gesprächen zu. Manchmal weinte er, wenn sie lachten.
Als das Thema Schule eines Abends im Hause angesprochen wurde, zumal Vakkas ins schulpflichtige Alter kam, erzürnte Süleyman, der ja schließlich der Mann des Hauses gewesen war, schnell: „Die können ihm nichts beibringen, was ich ihm nicht besser beibringe! Ich kann heute immer noch weder lesen noch schreiben und aus mir ist was geworden! Dank mir habt ihr was zu fressen! Wollt ihr, dass ich jetzt auch anfange zu lesen, ein gebildeter Mann werde, in die Stadt ziehe und ihr hier allein verrottet?!", er packte seine junge Frau an den Haaren und schrie ihr in die Augen hinein: „Willst du die neue Dorfnutte werden, du schäbige Hure?! He, willst du das, sag schon, du schäbige Hure! Willst du dieser fetten, alten, verweichlichten Schwuchtel, die du Vater nennst, Unehre machen? He, sag schon, du Hure?!", er prügelte beide nacheinander.
Es scheint verblüffend, wie Süleyman vom Sachverhalt Einschulung für seinen Sohn thematisch dahin sprang, seine eigene Frau mit dem *Dorfnuttendasein* zu konfrontieren, aber so war er halt - verrückt.
Alle Hoffnungen aufgegeben beobachtete also Vakkas von da an morgens hin und wieder die anderen Kinder mit dem Gedanken, selbst niemals diese Wege mit dieser Uniform gehen zu können. Manchmal sagte er sich wütend, während er sich auf seinem Beaobachtungshügel Tränen aus dem Gesicht wischte: „Vom Militärdienst, wenn ich ein junger Mann bin, wird er mich nicht abhalten können! Da werde ich ihm nicht mehr dienen und eine Uniform mit Stolz tragen."
Eine Weile später schmiedete die Mutter den kurzsichtigen und naiven Plan, den Jungen heimlich zur Schule zu schicken. Der Nachbar, der die Schuluniform aufbewahren sollte, Yusuf Emmi (Onkel Yusuf), war Mitte

fünfzig gewesen und nach eigener Ansicht mit der *wahrscheinlich hässlichsten Frau des Dorfes* verheiratet. Er war neidisch auf Süleymans junge, schöne, schlanke, blauäugige Frau mit pechschwarzen Haaren, die ansatzweise meist aus dem offenen Bereich über der Stirn und unter dem leicht hochgezogenen Kopftuch hervorwinkten. Außerdem beneidete er auch seinen kleinen fähigen Sohn - noch nie hatte er einen so kleinen Menschen, so viel arbeiten sehen. Es war Yusuf Emmi also ein Genuss, seinem beneideten Nachbarn Süleyman einen verräterischen Wink zu geben, nachdem er der jungen Frau versprochen hatte, dem Kleinen zu helfen und darüber zu schweigen.

Nun würde Vakkas' Traum, der nur einen kurzen Morgen anhielt, vom Vater Süleyman gesprengt werden. Der Vater ließ, angekommen auf dem Schulhof, die Mutter, die er noch an den Haaren schleifte, nun los und spuckte sie noch fluchend dabei an. Den Sprint, den er danach ansetzte, beendete er mit seiner Schuhsole in Vakkas' Gesicht. Der Junge fiel. Er fiel einfach. Ja klar, es war natürlich irgendwo die Kraftwirkung des Vaterfußes. Es war aber noch viel mehr. Es war alles, was er sah, aber nicht hatte, was allseits galt, aber nicht für ihn. Als Fünfjähriger war man eigentlich ein Kind, doch nicht er. Man hatte vielleicht ein oder zwei Spielzeuge aus Holz, zumindest aber durfte man sich ein Spielzeug aus einem Stock, einer Schachtel und einer Schnur bauen, vielleicht zeigte es einem gar der Vater - für ihn galt das nicht. Man wurde eingeschult und traf Mitschüler zum Spielen; man wurde, wenn man sich nicht gut fühlte, von der Mutter verwöhnt, die einem extra Essen machte, aber nicht Vakkas. Er durfte nicht zur Schule, ackerte den ganzen Tag, aß altes, mitgebrachtes Brot und ein zwei Gemüse, die auf den Plantagen reiften. Und jetzt fiel er, er war ein kleines Kind, er fiel, *man hat in dem Alter nicht die Kraft*, dachte er sich. Aber auch das war ihm nicht

vergönnt. Das dumme Stück Scheiße von Vater nämlich war kurz davor, nun auch den Lehrer, der instinktiv gegen die Gewalt des Vaters einschreiten wollte, anzugreifen. Mutter und Kind, eben noch am Boden, stürzten sich nun beide auf den Vater, um ihn aufzuhalten. Sie hielten ihn einigermaßen auf und lenkten seine Aufmerksamkeit nun auf sich. Der Lehrer, selbst nun ein wenig eingeschüchtert, befahl ihm halb entschlossen, das Gelände zu verlassen. Halblaut fluchend packte der Vater die Mutter an den Haaren und den Sohn an dem Ohr und schleifte beide nach Hause, um sie dort im Stillen halbtot zu prügeln.
Warum hatten beide den Vater aufgehalten, den Lehrer anzugreifen? Der Vater war doch schließlich durch im Kopf - er hätte den Lehrer intensiv geprügelt. Hätten sie es zugelassen, wäre der Vater mit Sicherheit an Ort und Stelle von ein paar Gendarmen festgenommen worden und ins Gefängnis gewandert. Beide hassten sie ihn doch. Das wäre es doch gewesen!
Wieso handeln Menschen so? Wieso leben sie so? Die Mutter hatte niemanden im Dorf. Konnte sie wirklich zu keinem gehen? Würde sie wirklich Schande über den eigenen Vater bringen? Aber wieso? War nicht der Ehemann schuld, und gar der Vater selbst, der sie einem solchen gegeben hatte? Warum müssen sich die Opfer schämen? Warum musste das Kind sich schämen, das kein Kind sein durfte, geprügelt und ausgebeutet wurde! Warum war es besser, einen verrückten Vater als keinen oder einen im Gefängnis zu haben?! - - Liebe Lesende, wenn sie sagen, „Der Vater ist die Säule des Hauses", sagt ihnen: „Der Vater ist höchstens eine Abrissbirne!"
Die Emanzipation des Jungen vom Vater fand endlich statt, als er schon elf war. Eines Sommertages schuftete er mit dem Vater und einem anderen Ochsen, der ein wirklicher Ochse war und vom Jungen mehr geliebt wurde als der Vater, zusammen auf der Plantage des

Vaters. Dieser Ochse hatte Vakkas schon einige Jahre begleitet. Wenn er mit diesem allein war, unterhielt er sich manchmal mit ihm oder sang ihm gar was vor - Lieder, die er aus dem Radio im Hause des Großvaters, Vater der Mutter, aufgeschnappt hatte, wenn er zu diesem für ein paar Tage zu Besuch geritten war (, um für den eigenen Vater ein bisschen Spielgeld zu erschnorren). So schufteten sie also zu dritt in der Hitze und verschleppten Steine vom Acker. Der Vater legte dem Ochsen die Anspannvorrichtung für die Ackerwalze um, sagte dem Jungen, er solle mit dem Tier einmal über den Acker fahren, um den Boden zu lockern, während er selbst aus der Quelle Wasser auffüllen gehen wollte. Weg war der Vater. Der Junge zog nun am Ochsen. Dieser bewegte sich ab einer bestimmten Stelle nicht mehr - ein mit Dornen versehener Abschnitt fing auf dem Feld an. Der Junge gab dem Tier einen Klaps, dann einen zweiten. Das Tier blieb stur. Er schob es an. Es rührte sich nicht. Er sang, er flehte, er wollte fast weinen. Es verweigerte ihm diese Bitte.
Mit der Sichtung des Vaters liefen dem Jungen nun die Tränen. Er flehte flüsternd und hektisch: „Bitte, los, los, komm schon, mein Bursche, bitte!" Das Tier wehrte sich noch immer. Der Vater kam an, legte den Krug unter einen Pistazienbaum, ging in langsamen Schritten auf seine Versklavten, Sohn und Ochse, zu: „Du Sohn eines Esels, kriegst du nicht einmal das hin? Du hast schon die Größe eines Esels erreicht und bist immer noch so unfähig wie ein kleines Kind", er warf den Jungen nach vorne vor den Ochsen auf den dornigen Boden. Vor Angst merkte der Junge nicht mal, wie die Dornen seine Arme und Hände blutig kratzten. Der Vater gab dem Ochsen einen tritt und zeigte mit dem Finger auf den Jungen:
„Los, du blöder Ochse, marschiere über deinen Freund, der dich nicht mal über ein Stück Land fahren kann, weil er zu weich ist, der Sohn eines Esels! Yallah,

Ochse, los, benutze ihn als Teppich für deine Aristokratenhufe! Los!" Er fing an, er tat es, er wagte es - nein, nein - nicht der Ochse, sondern der Vater, der tollwütige Menschenochse. Er fing an, auf den Ochsen einzudreschen, weil dieser immer noch nicht wollte, nein, nicht konnte! Das Tier wurde nicht dazu geschaffen, über Dornen zu marschieren. Aber komm' und sag' das einer diesem Verrückten! Der Vater schlug in Rage zu, mit der Faust auf die Seite des Kopfes, traf Ohr, Kiefer, Horn, alles - wie ein Wilder schlug er zu. „Nein, Baba, tu das nicht, verzeih dem armen Tier! Ihn trifft keine Schuld. Tu das nicht, Baba, tu das nicht!", der Junge schrie aus vollem Magen, sodass er im selben Augenblick fast schon heiser wurde, der Mund weit geöffnet, die Tränen liefen hinein, er blickte nach oben, während er sich an das Bein des Vaters klammerte: „Yapma, Baba, lütfen yapma, kıyma!"
Der Vater versuchte, den Jungen abzuschütteln - es ging nicht. Vor Rage vergaß er aber den Jungen. Dem vor Schmerz stöhnenden Tier lief Blut in die Augen, doch vor Angst, über das Feld laufen zu müssen, bewegte es sich nicht einmal, es lief auch nicht rückwärts, drehte nicht durch, stöhnte einfach nur mit geöffnetem Maul vor Schmerz. Der Junge, der das sah, konnte sich nicht mehr am Vater halten. Er ließ los, fiel auf den Boden. Er schrie zum Himmel mit halb verschnürtem Hals und trocken heiserer Stimme so laut, wie er konnte. Dann hielt er sich die Hände vor die Augen, die er aufriss, sein Brustkorb bebte, die Tränen fielen wie durchsichtige Gardinen von den Augenfenstern bis zum Kiefer, wo sie sich in Stücke gerissen zu kleinen Wasserballons formten und niederprasselten: „Lieber Gott, bitte!"
Der Vater setzte alles ein, was ihm jener Gott gegeben hatte, Fäuste, Füße, seinen Kopf, sogar die Knie. Dieses Trauerspiel ging einige Minuten und wurde von einem einmaligen, letzten Beben beendet - der Ochse

fiel. Der durchgeschwitzte und erschöpfte Vater beugte sich vor, stützte sich mit den Handflächen auf den Oberschenkeln ab und atmete heftig. Mit Mühe sprach er: „Ich geh' vor. Räum auf, lade alles auf das Pferd und komm später nach", er trank einen Schluck vom Wasser und ging. Der Junge weinte eine Stunde lang gekrümmt auf dem Boden. Den Anblick des stöhnenden Ochsen, das blutüberströmte und ausdruckslose Gesicht des Tiers würde er nie wieder in seinem Leben vergessen. Am Ende richtete er sich auf, bestieg das Pferd und ritt fort. Er ritt ins Nachbardorf zum Großvater.

Einen Tag später ritt der Vater mit einem Beil auf seinem Esel nach zum Schwiegervater. Dieser stellte sich bei Ankunft zwischen ihn und dem Sohn. Der Vater hielt das Beil hoch: „Du Hundesohn, du kommst mit, ich breche dir jeden Knochen!"

Der Sohn: „Bring mich um! Ich arbeite niemals mehr, nicht mal einen Tag für dich! Bring mich um, los!"

„Schwiegersohn, nichts für ungut, aber es ist besser, wenn der Junge einige Zeit hierbleibt. Er wird für mich arbeiten. Bei mir kriegt er Essen und eine Matratze. Seine Bezahlung lasse ich dir zukommen."

Es war einige der wenigen Male im Leben, dass der verrückte Süleyman kurz nachdachte, bevor er Gewalt anwendete. Vielleicht erschien ihm das versprochene Geld süß genug, vielleicht dachte er an seine Schulden. Er sagte: „Ist gut", spuckte dem Jungen nochmal ins Gesicht, „Du Schmutz!", und zog wieder los.

Vakkas Yozokan, Deniz‘ Vater, lebte und arbeitete noch gut zehn Jahre beim Großvater einschließlich seiner Militärdienstzeit und sah die Mutter immer, wenn diese hin und wieder zu Besuch kommen durfte. Als sich die Gelegenheit ergab, ging er schließlich zum Gastarbeiten fort nach Deutschland. Kurz daraufhin verstarb sein Vater Süleyman, Deniz‘ Großvater, an Herzversagen, an seinem Gram gegen alle Menschen.

7. Puffgeschichte, danach

Ein Uhr dreißig nachts, die Autobahn frei; draußen Stille, innen Musik aufgedreht; *Kosengs* abgesetzt, Deniz fährt, Ali Haydar kifft. Los, Richtung Hamburg, freie und Hansestadt Hamburg. *Freie und Hansestadt, wie geil klingt das?! Hamburg klingt schon geil genug, ohne Frage; vor allem vor dem historischen Hintergrund, dass es einst Hammaburg hieß. HAM-MA-BURG - es geht an sich nicht geiler.... Aber neee, wir müssen ja immer noch einen obendrauf setzen. Wir wären ja nicht wir, wenn wir nicht wüssten, wie es noch geiler geht: Freie und Hansestadt. Was ist eigentlich geiler, frei zu sein oder eine Hansestadt? Ich weiß es - gleichsam beides sein, das ist geiler. Selbst zu entscheiden als Souverän, aber zugleich innerhalb eines respektablen Kollektivs treu und ehrbar zu sein, das ist geiler! Allahına kurban, Hamburg! Bleib so, wie du bist, meine Perle,* sagte sich Deniz, während er zur heiteren Melodie der durch die Boxen ertönenden Musik mitsummte.
„Das ist Leben, Bruder! Ich hab‘ ne fette Keule in der Hand, es ist Nacht, Straßen leer und wir fahren mit Höchstgeschwindigkeit." Ali Haydar sprach hastig, mitgenommen vom Auspusten eines langen Zuges, mit nasaler und angestrengter Stimme.
Deniz schaute kurz mit einem abschätzigen Seitenblick nach rechts und dann mit hochgezogener Augenbraue wieder auf die Fahrbahn: „Mach ma‘ das Fenster weiter auf, du Junkie."
Ali Haydar zog seine glänzenden Brauen zusammen: „Hast du PMS, oder was?!"
Deniz musste lachen: „Haha, Du Fotze..."
Ali Haydar schloss sich dem Lachen an.
Angekommen in Hamburg parkte Deniz den Wagen auf der Hauptstraße am Schulterblatt in der Sternschanze vor

dem Kiosk eines Freundes, der von Kioskbesuch zu Kioskbesuch über die letzten paar Jahre vom fremden Kioskbesitzer, zum bekannten Kioskbesitzer und schließlich, wie gesagt, zum Freund evolviert war. Aber was war das für ein Freund eigentlich? Wenn Deniz auf der Schanze unterwegs war, ging er in der Regel zum Kiosk. Der als Freund gewonnene trat dann heraus vor den Laden, ließ seinen Angestellten allein die Kasse führen und trank mit Deniz einen, während teils Fremde, Vorbeigehende, Kioskbesucher und alles in allem Erheiterte wie Betrunkene bei ihnen stehen blieben und sich ihnen anschlossen; und teils trafen sie auf bekannte Gesichter. Sie taten also das, was Zugezogene als *Cornern* bezeichnen (ein übrigens künstlich aufgeblasenes Modewort, das das echte Bürgertum Hamburgs niemals verwenden würde; ja es stimmt, wir haben in den Neunzigern Buffalos getragen, aber jeder Buffalo-Schuh auf mein' Kopf, bevor ich das Wort *Cornern* in den Mund nehme).
Wenn er auf dem Kiez war, schrieb Deniz den als Freund gewonnen Kioskbesitzer an, um zu erfahren, wann er denn Feierabend habe, um ihn auf den Kiez zu bestellen, damit sie irgendwo gemeinsam tränken. Ihre Beziehung bestand also aus Unterwegssein, Chillen, Alkohol und beliebigem Spaß. Auf türkisch gesagt war also der Kioskbesitzer, der im übrigen Walid hieß, nichts anderes als ein *iyi günün dostu* für Deniz, das heißt ein Freund für gute Tage. Tiefe Vertrauensgespräche führten sie nicht, mal abgesehen von pseudo-tiefen, alkoholisiert-melancholischen Plaudereien, um nur sich selbst als eine Art Jesus zu glorifizieren, ungefähr wie: „Die Welt und die Menschen in ihr sind schlecht. Wir sind leider nicht so, leider… Denn wir könnten nicht, auch wenn wir wollten - wie auch einst Tupac Shakur sagte: „I would, if i could, but i can‘t" - und das ist gleichsam unser Verhängnis. Was soll‘s?! Ist halt so! Das Schicksal verlangt uns das nun einmal

ab. Wir sind, wie Meister Oğuz Atay sagen würde, wie die „Tutanamayanlar", also *diejenigen, die sich nicht halten können*, oder, wie Meister Sabahattin Ali sagen würde, *besessen vom Teufel in uns*, „İçimizdeki şeytan"" - - Solche Alkohol-Monologe fielen Deniz manchmal später in Nüchternheit wieder ein, weswegen er aus Scham meist kurz laut auflachen musste. - - Nun ja, da man halt auch hin und wieder gute Tage hatte, so selten sie waren, war es somit auch nicht verkehrt, ein paar Freunde nur für solche Tage zu haben.

***

Zu dritt standen sie, Deniz, Ali Haydar und Walid, nun vor dem geschlossenen Kiosk und tranken. Drei Uhr nachts - die Schanze war fast leer. Es gab den Beschluss, Richtung Reeperbahn zu laufen.
Es wurde betrunken über den Neuen Pferdemarkt gegangen und schließlich nach 20 Minuten auf dem *Hamburger Berg* angekommen, einer Straße auf dem Kiez, die im Verhältnis zur *Großen Freiheit* weniger hell, touristisch, aber einen Tick alternativer, rockiger und jünger war. Es knallte keine schreiende Disco-Musik aus den Clubs von beiden Flanken, es war nicht so grell, schrill und außerdem fuhren Autos langsam und vorsichtig über die Straße, die sich durch die Mitte der Bars links und rechts schnitt. Der Hamburger Berg war angenehm breit. Auf der Großen Freiheit hingegen fuhren keine Autos, es stockte eine sich langsam bewegende Pilgermasse an berauschten Menschen. Es liefen junge Frauen in Politessenuniformen herum, die die Leute belästigten, um für kleines Geld den Alkoholpegel zu messen - das sollte halt irgendwie interessant und lustig sein für Touristen: „Hey, schaut mal, ich habe so und so viel Promille; hahaha, wie lustig..." - wieder so eine Sache, die Personen des echten Hamburger Bürgertums nicht tun würden. - - Dafür gab es auf dem Berg keine Laufhäuser mit diversen Sexarbeiterinnen.

Tja... zwei Seiten einer Medaille, dachte Deniz und lachte innerlich über sich selbst.
Tatsächlich war er schon als Sechzehnjähriger mit Freunden in diese Laufhäuser gegangen, einfach nur, um die Aufregung zu erleben, einer halbnackten Sexarbeiterin nah zu sein. Manchmal hielten sie einen kurzen Schnack, fragten nach Preisen, wurden, wenn sie als zu jung entlarvt wurden - was selten geschah - hinausgeworfen. Diese Momente aber mit den Sexarbeiterinnen - einer Sexarbeiterin!!!, mit der Profession und dem Kalkül, einem Sechzehnjährigen das zu geben, was sein einziger Lebenszweck in dieser Lebensphase ist - das war so etwas wie dem Christen der *Heilige Gral*. Einmal stand Deniz mit zwei Freunden vor einer Sexarbeiterin im damaligen Eros-Center im dunklen, nur mit schmuddeligen LEDs beleuchteten Korridor. Eine Sexarbeiterin saß lässig auf ihrem Hocker. Deniz' zwei Freunde kokettierten hoffnungsvoll mit dem Preis, gaben an, gleich Geld abzuheben - ein irgendwie tragisch süßer Anblick: So zu tun, als hätte man Geld, nur damit man ein oder zwei Worte mit einer halbnackten Frau wechseln konnte; die drei Freunde hätten damals, wenn sie zusammengelegt hätten, nicht einmal einen Drittel des Preises nur für eine Person erreichen können. Deniz stand dabei hoffnungslos stumm vor dieser wunderschönen Frau. Noch Jahre später würde er sich fragen, wieso diese Sexarbeiterin mit ihrer glänzend dunklen Haut, damals plötzlich, während sie noch mit den anderen sprach, heimlich mit ihrem rechten Knie anfing, Deniz' Penis durch seine Jeans zu streicheln. Das Ganze ging vielleicht 15 Sekunden, Deniz kam es wie der Moment seines Lebens vor. Sein Penis ward Beton, seine Jeans ein Eisenzelt. Dann kehrten seine Freunde mit dem falschen Versprechen, Geld zu holen, von der Tür der Sexarbeiterin ab. Sie zog ihr Knie wieder ein, Deniz drehte sich zu seinen Freunden und ging ihnen noch immer erhärtet

hinterher. Er hatte die ganze Zeit kein Wort gesprochen, sie hatte ihn währenddessen nicht einmal angeblickt. Wollte ihn diese unfassbar schöne Frau damals nur erregen für potenzielles Geld, weil dies ihre Arbeit war, oder gab sie Deniz ein Rätsel auf, das er Zeit seines Lebens nicht sollte lösen können? - - Danach fuhr er jedenfalls mit den schlimmsten Bauchschmerzen seines Lebens als Folge eines Samenstaus nachhause. Die transfeindliche Mutprobe der damals transfeindlichen Jugendlichen, durch die Schmuckstraße zu schlendern und trans Personen anzusprechen, musste an jenem Tag entfallen. - - -
Wie auch immer. Kalt war es und Walid drängte dazu, in einen Club hineinzugehen. Sie standen vor einem Kiosk in einer Menge von jungen Menschen. Deniz war nicht kalt. Er trank, rauchte und schaute dem schönen Ali Haydar zu, wie er mit einer Gruppe Mädchen flirtete. Das erheiterte ihn. Walid aber drängte: „Bruder, was machen wir hier noch? Lak, meine Eier frieren. Lass irgendwo rein!"
Erstens, dachte Deniz, *du siehst doch, dass es bei Ali Haydar grade läuft; warum chillst du nicht 'rum wie ich oder gesellst dich zu ihm und schäkerst mit. Zweitens, liegt das womöglich daran, dass du neidisch bist und nicht riskieren willst, neben dem attraktiven und charmanten Ali Haydar weniger Aufmerksamkeit von den Mädchen zu ergattern?! Drittens, warum nervst du mich denn so, verfickt nochmal?!* Also antwortete Deniz wieder mal heuchlerisch diplomatisch: „Bruder, kein Plan, ya, lass noch ein bisschen chillen. Danach können wir gehen, oder nicht? Was sagst du?"
„Ja, wie lange denn noch? Lak, spüre meine Zehen nicht mehr, *amnakoym*!"
„So schlimm? Lass kurz noch auf Ali Haydar warten."
Wieso fickst du so hart meinen Kopf?! Geh doch zurück in dein Land auf dem Kamel, welches womöglich hier irgendwo angeleint ist. Mit diesen Gedanken bewies

Deniz, dass auch linke Deutschtürken nicht gegen internalisierten Rassismus immun sind... - Walid aber gab nicht nach:
„Lass ihn doch hier weiter mit den Mädchen schnacken. Wir gehen gegenüber in den *Blauen Peter*. Wenn er fertig ist, kommt er rein oder wir kommen raus oder er verschwindet mit denen und kommt *auf eine andere Art*, wenn Du verstehst, Bruderherz..."
Zwar leicht angeekelt von dieser billigen Pointe musste Deniz trotzdem einsehen, dass er nun handeln musste. *Soll ich mit Walid gehen und keinen eventuellen Störfaktor für Ali Haydar darstellen?* Aber fühlte er sich grade genervt von Walid. Er hätte sich auch einfach zu Ali Haydar dazugesellen können. Aber irgendwie hatte er in jenem Augenblick keine Lust, Charme vorzuspielen, Interesse für die Gesprächsinhalte vorzuheucheln und auf Kommando witzig zu sein. Die ganze Tartüfferie hätte sich nicht gelohnt. Er hatte an jenem Tag genug Frauen gesehen, bezahlt und gehabt; und damit eine Frau, die ihn liebte, häufig genug betrogen.

***

Über einen Türsteher, den Walid kannte, kamen er und Deniz in den blauen Peter hinein. Dort tranken sie weiter an der Bar, nachdem sie sich durch Menschenmassen hindurch gekämpft und ihre Jacken abgegeben hatten. Es lief irgendeine laute Musik; beide rauchten. Walid sprach ein Mädchen an, das grade ein Desperados trank; die Viertelzitrone bedeckte beim Trinken ihre Nase. Nachdem sie ein paar Worte miteinander gewechselt hatten - das Mädchen schien kein Interesse zu haben - kehrte Walid ihr den Rücken und wandte sich Deniz zu: „Bruder, die kleine Nutte macht auf teuer...."
„Ah, achso...", antwortete Deniz schmunzelnd.
Walid war nicht schlecht angezogen; er hatte eine enge, hellblaue Jeans an; sein auberginefarbenes

T-Shirt war weit und machte auf seiner eher schlanken Brust einen lässigen Eindruck. Alles in allem passte sein Outfit in die Zeit und in den Laden. Das änderte aber nichts an seinem braunen Gesicht, seinem dichten Bart, seinen noch dichteren Brauen und seiner länglichen Nase. Auch hier in einem nicht unbedingt noblen Laden auf dem Kiez strahlte sein Gesicht etwas Chauvinistisches und Bedrohliches aus für ein biodeutsches Mädchen subtil rassistischer Natur. Das war natürlich unfair, so empfand zumindest Deniz, aber andererseits war das auch kein legitimer Grund, gleich ausfällig misogyn zu werden. - - So oder so: Walid scheiterte danach an einem weiteren Mädchen. Deniz trank an der Bar währenddessen und smalltalkte mit der Barkeeperin, die ihm ein zweites Bier ausgab. Walid, der das sah, suchte wieder das bilaterale Gespräch mit Deniz.

„Bruder, was ist los mit Dir? Ich versuch, was zu klären und du chillst hier deine Eier, als würden die Frauen von allein kommen, *amnakoym*."

„Digga, was‘ denn los? Chill doch auf entspannt. Genieß‘ die Atmosphäre, amına koyim!"

„Dein ernst?! Sind wir nicht deswegen hierhergekommen?" Walid deutete mit einem Kopfneigen und seinen Brauen, die sich hochzogen, auf zwei Mädchen: „Kuck ma', diggi, die beiden Mädels. Darauf stehst du doch! Perfekt für uns beide…."

Deniz zögerte kurz und runzelte die Stirn. Ohne ein Wort ging er dann auf die beiden jungen Frauen zu.

„Hi, ich bin der Deniz. Und das ist übrigens mein guter Freund."

Das eine Mädchen, das von Deniz direkt in die schönen, waagerecht liegenden schwarzen Mandelaugen angelächelt wurde, lächelte breit zurück, wobei die roten Wangen des sonst weißen Gesichts zu den Augen hochschossen und die Augen sich fast gänzlichen schlossen. Die eben noch geschwollen anmutende rote Unterlippe

verformte sich auf eine begehrliche Art, wohingegen sich die schlanke Oberlippe ihr fügte und sich als schöne Umrandung der unteren demütig ergab. Walid lächelte ebenfalls beide Mädchen an und verbarg dabei seine kurze Verstimmung darüber, dass Deniz ihn nicht mit Namen vorgestellt hatte.
In der Plauderei - man hatte sich nach einigen Smalltalkversuchen auf Deutsch dann schließlich doch darauf geeinigt, auf Englisch weiter zu klönen - kam heraus, dass die beiden Mädchen Austauschstudentinnen aus Südkorea waren. Deniz, der sich etwas mit der Geschichte der Türkischen Republik auskannte, entgegnete, dass er türkischer Abstammung sei, weil er wusste, dass das Mädchen, das ihm gefiel, ihm aus heiterer Überraschung entgegnen würde, „Are you serious? We are brother countries!" Ein Resultat aus der Regierungszeit des türkischen Präsidenten Adnan Menderes in den Fünfzigern, bevor das Putschmilitär ihn hängte, war der Hilfseinsatz des türkischen Militärs im Koreakrieg. Dieser hatte Südkoreaner und Türken zu Brüdern gemacht; eine Tatsache, die viele Türken heute kaum noch kennen, aber viele Südkoreaner umso mehr schätzen.
Deniz blickte während des Schnacks kurz auf sein Handy und erblickte drei Anrufe in Abwesenheit von Ali Haydar. „I will call someone for a minute", sprach er zu den beiden jungen Frauen - und dann zu Walid blickend: „Bin gleich wieder da." Er versprach allen drei, gleich wieder zurückzukommen.
Deniz war auf dem Weg Richtung Ausgang und hielt dabei sein Handy in beiden Händen und blickte drauf, als er die Nachricht „Bruder, hab' Stress!" von Ali Haydar erblickte. Er blieb mitten auf der Tanzfläche stehen und antwortete mit der Nachricht: „Wo bist du?"
Ali Haydar war in einem Club auf dem Hamburger Berg. Er war mit zwei Mädchen hineingegangen und hatte sich mit ihnen an die Bar gesetzt, wo sie gemeinsam tranken.

Die beiden Mädchen waren Cousinen - das war ja in Ordnung. Zu einem Problem kam es aber durch einen weiteren Cousin. Der Freund dieses besagten Cousins war im selben Club. Er sah beide Mädchen im Club mit einem fremden Mann - das war, wie gesagt, unser Ali Haydar. Der Cousinfreund ging an die Bar, auf beide Mädchen zu und wurde von einem der beiden Cousinen mit einem betrunkenen und gereizten „Wer bist du, man, lass mich in Ruhe und verschwinde!" abserviert. Diesem emanzipatorischen Akt folgte noch ein schadenfroher Blick Ali Haydars, den der Cousinfreund nur noch wutentbrannt anstarrte. Mit der Faust haute er auf die Theke und *empfahl sich* damit; er ging zurück in seine Ecke und kramte sein Handy heraus.
Das Ergebnis nun war für Ali Haydar weniger erfreulich. Der Cousinfreund schrieb dem Cousin der beiden Mädchen, um ihm die Situation zu schildern. Dann ging er wieder an die Bar und sagte zu Ali Haydar:
„Du bleibst hier. Der Cousin der beiden Mädchen kommt gleich. Wir treffen uns dann draußen."
Deniz ging zurück zu Walid und den beiden Südkoreanerinnen und schilderte Walid die Situation. Walid meinte, dass da schon nichts passieren würde und dass sie bei den Mädchen bleiben sollten.
„Digga, dein Ernst?! Wir sind zu dritt losgezogen! Was ist das für ein *Bitchmove*?!"
Walid versuchte die Fassung zu bewahren: „Bruder, das ist nicht korrekt, wie du mit mir redest. Ich hab' hier grade zwei heiße Schnecken am Start, genieße mein Leben und du kommst mir so, statt mit mir den schönen Abend zu feiern. Ich war bisher nie so respektlos zu dir. Ich habe dich immer zu allen Sachen eingeladen und für dich gesorgt. Chill ma' bisschen dein Leben und entspann dich."
Deniz blickte entsetzt zur Seite, während beide Mädchen zu ihm kamen und ihn lieb fragten: „Is something wrong?"
Deniz blickte auf Walid: „Siehst du, Diggi?! *Ich* habe

die Mädchen geklärt. Und noch immer kommen sie zu mir, weil sie an *mir* Interesse haben. Und das ist auch der Grund, warum Du immer mit *mir* chillst. Denn ich bin das, was du sein willst, grade, charmant und interessant. Menschen lieben mich, weil ich eben nicht so selbstverliebt und selbstsüchtig bin" - während des letzten Nebensatzes schaute er scheu und errötet zur Seite, weil er sich dabei ertappte, wie er im selben Augenblick doch genau das war, was er seinem Gegenüber vorgeworfen hatte: selbstverliebt, also normal, also genauso böse und *qualifiziert* für diese verkommene Welt.
Nun wurde Walid sauer und packte Deniz am Kragen: „Digga Junge, was denkst du, wer du bist?!"
Deniz packte sein Handgelenk und zog die Hand von sich weg, wobei sein Hemd oben aufriss. Die Mädchen, zwar ängstlich und dennoch von ihrem Beschützerinstinkt geweckt, griffen ein: „Please stop. Don't fight. Let's go somewhere else" - sie wollten den Jungen beschwichtigen und gleichsam vom aggressiven Kontrahenten, dem sie den Rücken gekehrt hatten, entfernen.
Deniz stieß beide weg, hob die rechte Hand und drückte mit dem Zeigefinger auf Walids Brust: „Vallaha, du bist eine Enttäuschung! Werde mit dir selbst glücklich."
Dann ging er und würdigte alle drei keines Blickes, auch die beiden jungen Frauen ignorierte er - die Enttäuschung eines Selbstgerechten kennt leider keine Präzision.
Walid rief ihm noch aufgeregt lachend hinterher: „Hau bloß ab, du Lappen, bevor ich dich noch ficke!"

***

Als Deniz in Richtung des Clubs ging, sah er wie davor ein großer, langer, flacher, schwarzer und glänzender Mercedes stehenblieb und drei junge *Migrationshintergründler* ausstiegen.
Ali Haydar kam gleichzeitig mit dem Cousinfreund heraus aus dem Club - die beiden Mädchen kamen widerwillig

hinter ihnen her und wurden vom anscheinend im Gewitterzorn angereisten Cousin mit einem „Ihr werdet später noch sehen, ihr ehrenlosen Missgeburten!" abgefrühstückt, denn der Fokus lag grade auf demjenigen, der diese *Ehre* angegriffen hatte. Der Cousinfreund hatte Ali Haydar am Arm gepackt und hielt ihn direkt vor dem Laden fest, damit der Cousin ein paar Worte sprechen konnte, um in seine geplante Handlung einzuleiten.
Deniz, der das Ganze aus stetig kürzer werdender Entfernung beobachtete, ging immer langsamer. Er bemerkte, wie ein unangenehm stechender Krampf durch seine Beine schoss und er fast einknickte. Sein Herz ratterte. Panik befiel ihn. Er schaute herunter auf seine Hände, sie zitterten. Er kniff die Augen zu und versuchte einmal tief durchzuatmen - der Moment wurde von einem Autohupen unterbrochen. Deniz war mitten auf der Autostraße stehengeblieben. Er hörte irgendeinen Taxifahrer mit irgendeinem Akzent irgendetwas rufen.
Des Hupens wegen blickte Ali Haydar auf die Straße - seine und Deniz' Blicke kreuzten sich. Das ging zwei Sekunden. Dann ergriff der Cousin die Aufmerksamkeit und Ali Haydar musste seinen Blick wieder abwenden: „Jetzt verpisst ihr euch nach Hause", sagte er mit einem abschätzigen Blick und einer wegschiebenden Rückhandgeste zu seinen Cousinen, die sich entmutigt entfernten, um ein Taxi zu organisieren. „*Du* steigst in das Auto und wir machen zusammen eine kleine Spritztour, damit wir uns unterhalten können", sprach er dann zu Ali Haydar.
„Aber ich hab' echt nichts gemacht, Bruder! Ich weiß nicht, was Dir erzählt wurde", sagte Ali Haydar, dessen Körpersprache und Ton nun verrieten, dass ihm die Situation, der er scheinbar doch nicht gewachsen war, Angst machte.
„Alles gut… Wir reden gleich in aller Ruhe. Hier nimm ´ne Zigarette", zu den anderen schauend:
„Zünd ihm mal einer seine Ziese an!"

Männer, liebe Lesende, die sich in einem Milieu bewegen, welches sich durch Kriminalität und Gewalt auszeichnet, legen oft eine höfische Behavoristik an den Tag, welche die Erscheinung eines Mafioso-Gentleman zur Vollendung führt; damit malen sie Tiefe und Kontrast in ihren Charakter. Und gerade in solchen Momenten, in denen man als Opfer weiß, dass sie einen womöglich umlegen - na gut, übertreiben wir nicht - aber zumindest kaputtschlagen werden, bleiben sie immerhin so nett, einem eine Zigarette anzubieten, diese galanten, entzückenden und skrupellosen Unmenschen.
„Bist du Afghane?"
„Nein, Iraner", antwortete Ali Haydar, während er zitternd an seiner Zigarette zog.
„Iraner?! Jetzt verstehe ich…". Der Cousin hatte wohl einige Vorbehalte gegen Iraner. Aus seiner von Vorurteilen behafteten Perspektive heraus machte er wohl große Unterschiede zwischen iranischen und afghanischen *Migrationshintergründlern* fest. Afghanen wären in der Regel fromme Sunniten, während Iraner Schiiten und damit seiner Meinung nach zu liberal wären, weil grade die Deutschiraner meist vorm Ayatollah-Regime geflohen wären, um in Europa von der Religion befreit zu leben. *Kein Islam bedeutet keine Ehre*, war eine wichtige Devise des Cousins (ging er selbst deswegen ja auch freitags in die Moschee, um neben dem ganzen Alkoholkonsum und der *Vielweiberei* nicht die Bindung zu *seinem* Islam zu verlieren).
Währenddessen hatte Deniz den Standort bzw. fast schon Tatort erreicht, fasste mit dem einen Arm einmal um Ali Haydars Rumpf und zog ihn weg. „Komm, wir hauen ab."
Er hatte sich in der Zwischenzeit eine Zigarette angezündet und hielt sie in der anderen Hand. Er wollte seine Angst auf irgendeine Weise zerstreuen und mit Gelassenheit überspielen. Er hatte einen Teil des Gesprächs ungefähr mitgehört und verstanden, dass die Gewalt ausstrahlenden Burschen Ali Haydar wegbringen wollten. Er wusste nur

allzu gut, was das zu bedeuten hatte.
So fühlte Deniz intuitiv, dass nur ein Überraschungszug Ali Haydar aus der Bedrängnis befreien hätte können. Er würde Ali Haydar wegziehen und die bedrohliche Truppe würde ihnen kurz hinterherrufen, ihnen hinterhergehen, aber nicht riskieren, mitten auf dem Kiez zu viel Aufmerksamkeit auf sich zu ziehen - Polizeiautos waren allgegenwärtig - und schließlich die Verfolgung aufgeben. Deniz und Ali Haydar würden nach Hause fahren und in nächster Zeit nicht mehr in diesen Club gehen; und damit hätte es sich.
Dem war aber nicht so.
Der Cousin gab Deniz nicht einmal die Gelegenheit, sich gänzlich wegzudrehen. Kaum hatte Deniz das „Komm, wir hauen ab" zu Ende gesprochen, zog ihn eine Gewalt herunter - der Cousin hatte ihn am seitlichen Teil des Kragens mit ganzer Kraft gepackt. Der Kragen schnürte ihm blitzschnell den Hals zu und fühlte sich aufgrund der hohen Kraft und Schnelligkeit des Cousins fast eher wie ein Schlag auf die Gurgel an. Ein „Ey!" blieb Deniz im Hals stecken. Aus der Not versuchte Deniz, der noch im erweiterten Würgegriff des Cousins war, sich schnell zum Cousin zu drehen für einen Gegenangriff. Er holte Schwung aus Hüfte und Rumpf und schlug aus der Drehung heraus mit seiner Schlaghand leicht von oben nach unten zwischen das untere Ende des Ohrs und Jochbeins des Cousins. Ein unangenehmes Geräusch kam aus dem Oberkiefer, ein feuchtes, fast schon glitschiges Knacken - Deniz erschrak über sich selbst, wusste er nicht, ob er seinem Gegner grade den Kiefer ausgerenkt oder gebrochen hatte. Mit nach unten hängendem Mund und aufgerissenen Augen hielt der Cousin Deniz noch immer am Kragen fest. Aus dem Mund floss ein Gemisch aus Blut und Speichel. Der Cousin fing erzürnt und von schmerzlichem Adrenalin getrieben an, als Frontschläger auf Deniz einzuprügeln, während sich ein Gewaltchor aus seinen anderen drei Knaben ihm anschloss.

Einer trat Deniz mit einem Frontkick zu Boden.
In der Umgebung fingen mittlerweile Menschen zu schreien an, „Hört auf, hey, stopp!", ein Mann wollte sich einmischen und bekam selbst einen Schlag ab. Die meisten kuckten nur oder gingen weiter. Der Cousin hatte Deniz schon, als er wild auf ihn einprügelte, ein paar Mal mitten ins Gesicht getroffen. Als er jetzt durch den Kick auf dem Boden lag, trat er mit der Sohle mehrmals brutal auf Deniz' Hinterkopf, wobei dessen Gesicht auf dem kalten Boden in seinem eigenen Blut lag. In dem offenen und hängendem Maul des Cousins sammelte sich immer noch ein Mischmasch aus Blut wie Speichel und klatschte bei jedem Tritt abrupt vom Mund auf den steinernen Boden herunter.
„Bruder, die Bullen!", rief einer der drei *Chorknaben* des Cousins - und plötzlich liefen sie alle zum Auto, um wegzufahren; den tollwütig auf Deniz' Kopf tretenden Cousin mussten sie fast gewaltsam von Deniz wegzerren. Sie wollten losfahren. Der Weg wurde ihnen aber von einem Polizeiauto versperrt, welches ihnen entgegengefahren und angehaltenen war. Deniz - noch war er nicht tot - war erleichtert, keinen Tritt mehr, sondern eine Hand, um die Schulter zu spüren.
„Hey, hörst du mich?", schwarze Haare flossen aus einem weiß glänzenden Porzellanantlitz auf Deniz' Gesicht und ankerten in dessen Blut. Eine junge Frau hielt ihm ein Taschentuch hin. Er richtete sich mit ihrer Stütze ganz langsam auf. *Was für ein Schmerz?!*, dachte sich Deniz. Sein Kopf dröhnte, mit jedem Herzschlag dachte er, würde sein Hirn zerplatzen. Alles drehte sich, er konnte kaum die Augen öffnen. Das Mädchen fing an, sein Gesicht mit dem Taschentuch zu säubern. Über jede Schwellung, über jede Schramme, über jede kleine, aufgeplatzte Stelle wischte sie, begleitet von einem Mitleid ausdrückenden, scharf gepressten Rauschen, das aus ihrem Mund ertönte, da sie laut Luft durch ihre geschlossenen Zähne hindurch zog. Das Gesicht zu

verziehen, wenn man Wunden, Blut und Schmerz von Personen aus nächster Nähe vernimmt, ist zwar eine intuitive wie nicht durchdachte Reaktion, jedoch verdient auch eine solche Intuition, differenziert zu werden. Diese junge Frau zum Beispiel verzog das Gesicht und bekam eine Gänsehaut, jedoch nicht vor Ekel über das ganze Blut. Ihre Augen brannten in Mitleid, sie wollte ihm helfen, sein Leid reduzieren, sogar sein Leid ihm abnehmen, ähnlich wie eine anatolische Mutter, die zu ihrem Kind, welches Bauschmerzen hat, tröstend sagt: „Deine Schmerzen sollen auf mich übergehen!"
„Wo ist denn der Krankenwagen, wir brauchen Sanitäter!", rief die junge Frau und blickte dann wieder sanft auf Deniz, „Es wird alles gut. Du hast zum Glück keine richtige Platzwunde. Es blutet nicht mehr so doll."
Noch saß Deniz mit aufgerichtetem Oberkörper. Eine junge Beamtin kam auf ihn zu, während die anderen Beamten zum eingekesselten Auto liefen, und beugte sich vor:
„Rettungswagen ist unterwegs. Haben sie irgendwas bei sich, AUSWEIS ODER FÜHRERSCHEIN?", die letzten Worte rief sie laut. Die sich um Deniz kümmernde Frau griff impulsiv ein:
„Sagen Sie mal, ist das Ihr Ernst? Er ist das Opfer! Wozu wollen Sie seinen Ausweis sehen?!"
„Das ist reine Routine…", antwortete sie ernst. Deniz zeigte auf seine Hosentasche, die Beamtin griff hinein, nahm einen Ausweis heraus und blickte ein paar Sekunden drauf:
„Keine Sorge, Herr Yozokan (sie sprach es Johtzokahn aus), Hilfe ist unterwegs!", sagte sie noch, als einer der entflohenen Schläger an ihr vorbei sprintete und ihr dabei an den Rücken stieß. Sofort sprang sie hoch, steckte Deniz‘ Ausweis ein und rannte hinterher. Die Schläger waren in der Zwischenzeit nämlich aus dem Auto gestiegen und in verschiedene Richtungen losgelaufen; einer von ihnen hatte die junge Beamtin

angerempelt, war aber vorbeigekommen. Der Cousin jedoch wurde als erster direkt schon nach dem Loslaufen gefasst und zu Boden gebracht - ein Polizist hatte ihm einen Beinhaken gestellt. Das Cousingesicht drückte jetzt mit einer Seite auf den Asphalt. Ungehalten strömten ihm weiterhin Speichel und Blut aus dem offen liegenden Maul. Die Arme waren am Kreuz verschränkt und mit Schellen festgebunden.

Deniz, der das Ganze halbwegs beobachtete, während das Mädchen in seinem Gesicht weiter herum wischte, wurde allmählich klarer im Kopf. Er schaute auf das Mädchen, sagte heiser „Danke" und bemerkte dabei, dass ihm ein Schneidezahn abgebrochen war. Er nahm ihr das Taschentuch aus der Hand und versuchte sich aufzurichten, wobei ihm die junge Frau half:

„Vorsichtig, nicht so schnell aufstehen...."

Als er auf den Beinen stand, hörte er aus der Entfernung eine Rettungswagensirene. Er bedankte sich nochmal bei der jungen Frau, legte seinen Zeigefinger auf seine Lippen, um ihr zu signalisieren, dass sie die Aufmerksamkeit nicht auf ihn lenken sollte. Er wollte sich vom Ort des Geschehens leise entfernen. Die Arme der Frau wollten sich schon von allein um Deniz' Rumpf schlingen, um ihn aufzuhalten; ihr Gesicht offenbarte Unverständnis - mit diesen Verletzungen konnte dieser junge Mann doch nicht verschwinden! Sie ließ aber im selben Augenblick ihre Arme fallen und entspannte ihre Gesichtsmuskeln - instinktiv fühlte sie, dass Deniz nicht grundlos diese Entscheidung getroffen hatte, dass das schon seine Richtigkeit haben würde. Also ließ sie ihn ziehen, gab ihm noch die halbvolle Packung Taschentücher, und so ging Deniz langsam los in Richtung Schanze. „Pass auf dich auf", sagte sie ihm noch leise.

Als der Rettungswagen einlief, standen wieder drei Polizisten in der Straße und weitere Polizeiwagen waren nach und nach eingetroffen. Der eine Polizist saß noch

auf dem Cousin, dessen Gesicht auf dem Asphalt lag und zwei Polizisten kamen mit dem Cousinfreund, der den Cousin überhaupt einberufen hatte, wieder in die Straße gebogen; sie hielten den Gefesselten am Nacken und schlugen ihm fest auf den Hinterkopf, weil er sich wehrte, entreißen wollte und erbärmlich herumschrie.
Als die Sanitäter und weitere Polizisten zum Tatort liefen und das Opfer nicht vorfanden, rief die junge Frau, die Deniz verarztet hatte und nun hysterisch auf die frischen Beamten zuging, mit einem aufgesetzten Antlitz wie aus Porzellan: „Die haben ihn voll zusammengeschlagen!", die nächsten Sätze sprach sie schnell in einem Zug, ohne einmal Luft zu nehmen, „Als die anderen Polizisten den Schlägern hinterhergelaufen sind, habe ich seinen Kopf gehoben und das Blut in seinem Gesicht abgetupft. Dann ist er aufgestanden und weggelaufen. Ich habe ihn noch versucht aufzuhalten!", sie stellte sich naiv, „Was, in welche Richtung er gelaufen ist? - - In diese dort!", sie zeigte mit ihrem graden Zeigefinger in die falsche Gasse - ihr Arm wurde zum Schild.
Deniz hatte aus zweierlei Hinsicht Glück gehabt. Einerseits wurde er nicht bösartig schwer verletzt - als er niederstürzte, rastete sein Gesicht in eine Art glitschige Kuhle zwischen zwei nassen Pflastersteinen ein, die entgegengesetzt schräg im Boden saßen. Darin lag sein Kopf einigermaßen fixiert, aber mit genug Bewegungsraum, um abzufedern. Bei jedem Tritt presste sein Gesicht drinnen hin und her und seine ganze Haut verschrammte. Sein Hals aber knickte vom Rumpf nicht weg und sein Kopf schlug weniger auf, zumal Deniz seinen Kopf bewusst nicht hob, sodass er sich zum einen nichts brach und zum anderen keine großen Platzwunden davontrug. Eine Gehirnerschütterung irgendeines Grades hatte er aber mit Sicherheit. Er nahm aus seiner Jackentasche ein Blister mit Kopfschmerztabletten, die er meistens

mitnahm, wenn er wusste, dass er sich betrinken würde. Er schluckte fünf oder sechs - grade so viel, dachte er, dass es seine Leber neben dem ganzen Alkohol noch vertragen konnte. Mit seiner blutigen Spucke im Mund würgte er sie herunter.
Andererseits hatte er zusätzlich Glück, dass die paar Polizisten schnell eintrafen und die Schläger wegliefen, sodass er genug Zeit zur Flucht gehabt hatte. Denn auf Krankenwagen, Krankenhaus und Polizei und die ganze Schmach, die damit einherging, hatte er keinen Nerv. Außerdem wollte er nicht noch einmal auf die Schläger treffen, weil solche Leute meist einen Rachedurst entwickeln, den kein Ozean löschen kann. Das waren nämlich im Eigentlichen keine Schläger, sondern hinterhältige Pseudomafiosis, vermutete Deniz. Auch wenn ihnen das Gefängnis drohte, sie würden immer eine Möglichkeit finden, selbst durch Bekannte oder durch geldlich Engagierte, jemanden umzubringen oder sogar jemanden zu treffen, der dieser Person wichtig ist. Wenn Deniz sich eine Zeit nicht mehr auf dem Kiez aufhalten würde, wäre er wahrscheinlich in Sicherheit. Sie kannten weder seinen Namen noch irgendetwas von ihm, außer seinem Gesicht - das würden sie schon vergessen mit der Zeit.

***

Moment! Liebe Lesende, liebe Lesende! Wo ist denn unser Ali Haydar eigentlich, liebe Lesende?! Ist das nicht jene Frage, die euch eure Neugier von Absatz zu Absatz auffrischt?! Ist es nicht auch die Genugtuung, auf die ihr noch wartet?! Denn, was Ali Haydar angeht, kennt ihr doch schon längst die Wahrheit; zumindest aber erahnt ihr sie. Ihr fühlt es; ihr fühlt es vielleicht auch schon länger, als euch bewusst ist. Hieltet ihr, liebe Lesende, Ali Haydar überhaupt jemals für einen wirklichen Freund, auch nur für einen Moment?

Nein, liebe Lesende, nein - Ali Haydar ist kein Freund, Ali Haydar ist kein Mensch, Ali Haydar ist kein Tier, Ali Haydar ist kein Wesen - er ist nur die Fleischwerdung von einem der schönsten Charakterzüge Deniz': und zwar ist er Deniz' Naivität!
Ali Haydar ist, als sie anfingen, auf Deniz einzuprügeln, weggelaufen. Zunächst hatte er ein paar Schritte rückwärts gemacht und meinte „Jungs, chillt mal, hört auf!" Als einer von den Jungs dann auf ihn rauf wollte, ist Ali Haydar immer schneller geworden, hat immer schnellere Schritte nach hinten gemacht, hat sich irgendwann weggedreht und ist losgelaufen. Als er beinahe um die Ecke gewesen war, hat er sich umgedreht und gesehen, wie sie Deniz gegen den Kopf traten. Das gab ihm den Impuls dazu, endgültig um die Ecke zu biegen - *köşeyi döndü*. Ali Haydar fiel halt in tiefste Furcht, und die eigene Unversehrtheit war süßer als Freundschaft. Deniz hatte sich für ihn eingesetzt, war für Freundschaft und Ehre eingestanden, hatte die Schuld des Freundes mit jedem kassierten Schlag auf den Kopf bezahlt - das war der Kapitalismus im eigentlichsten Sinne: die *Kopfzahl*. Jeder Schlag, jeder Tritt war ein Anteil der Kaution, mit der Deniz Ali Haydar freikaufte. Doch das größte Geschäft des Abends war, dass Ali Haydar alles Vermögen des erwiesenen Freundes *ver*kaufte: *bankrotte Freundschaft*. Nichts für Ungut, liebe Lesende, falls ihr euch verspekuliert haben solltet. Diese Geschichte ähnelt nicht Schillers „Bürgschaft" bzw. Dazais „Hashire Merosu", das ist kein heroisches Exempel für die Freundschaft, zumindest kein Ganzes, wenn überhaupt ein Halbes. Denn hier agiert nur *ein* Freund kühn, loyal und ehrbar; der andere hingegen malt sich als Kontrast zu ihm, feig, treu- und ehrenlos. Andererseits: Konnte man ihm das verübeln?! Ali Haydar hatte niemandem Gewalt angetan und wurde angegriffen. Als der Fokus sich auf Deniz gerichtet hatte, war er vor Angst wie gelähmt

gewesen. Von seinen Instinkten geleitet rannte er weg. - - Deniz aber empfand in jenem Moment nicht so. Er hatte es versucht; er hatte sich befreundet, anvertraut, geöffnet, es riskiert. Doch nun? - Er wurde bis in die tiefste Geheimzelle seines Marks verraten. Das auf seinem Gesicht geronnene Blut ward pechschwarz.

Liebe Lesende, entschuldigt, wenn ich allmählich die Distanz und Formalität eines bemüht deskriptiven und sachlichen Erzählers aufgeben sollte. Doch, wenn ich meinen Scheinwerfer auf Deniz lenke, werde ich von einem Gefühl befallen, welches ich nur ertrage, wenn ich seine Geschichte treu und redlich wiedergebe.
So schaut ihn euch an, liebe Lesende, schaut ihn euch an! Ja, es stimmt, bisher habe ich, als derjenige, der hier nichts weiter tut, außer zu berichten, mich zurückgehalten. Ich habe nichts dazu gedichtet, nicht gelogen, nichts geheuchelt. Ich vermochte stets nur, die Geschichte eines Jungen wiederzugeben; eines Jungen! Eines Jungen, der scheitert. Der scheitert, ohne etwas verbrochen zu haben. Was hat er denn getan? Wem hat er etwas getan, dieser Junge? Wem hast du etwas getan, Deniz? Ne yaptın, Denizim?
Schaut ihn euch an, liebe Lesende! Bisher wollte ich mich nicht so ausdrücklich an euch wenden. Ich wollte nicht, ich konnte nicht. Ich gab nur wieder. Unpersönlich.... Doch jetzt, da, wo ich diesen Jungen, meinen Deniz, so sehe, verraten und geschlagen - was soll ich sagen?! Wie kann ich sagen?! Unter welchen Begriff kann ich dieses Leid bringen?! In diesem Moment, liebe Lesende, sei dies gewiss: Ich wünschte, ich wäre kein denkendes und zugleich empfindendes Wesen wie Goethe. Ich wünschte, ich wäre ein halber und kein ganzer Mensch: nur ein Gedanke ohne Gefühl. Eine Buchseite ohne Duft.
Doch ich sehe und fühle ihn, meinen Deniz, wie er ganz unten ist. Er torkelt über die Feldstraße Richtung

Schanze, um besoffen, zerbrochen und zerschlagen in sein Auto zu steigen. Er bleibt stehen und pinkelt in den Busch. Er hat zu Ende gepinkelt und doch, er steht noch da, am Busch, er steht noch da, er hat ausgepinkelt, seine Hose ist noch offen, sein Penis in seiner Hand, aber er steht noch da, Leute laufen an ihm vorbei und er steht noch da, seine Hose offen, der Penis in den Händen, er steht da, aber seine Tränen stehen nicht; sie laufen. Sein Kopf explodiert. Doch kein Laut kommt aus seinem blutigen Mund.
Wie oft habt ihr, liebe Lesende, Menschen in solchen Situationen gesehen? Menschen, die wirklich ganz unten sind. Die nicht einer Lappalie wegen einige Minuten melancholisch sind und sich selbst bemitleiden, um im nächsten Moment wieder von Herzen zu lachen. Wie oft? Auch Du, Deniz, Du hast schon oft Menschen in solchen Situationen gesehen - Fremde waren sie, andere waren sie. Doch diesmal nicht. Diesmal bist Du auf der anderen Seite, mein Lieber. *Du* bist unten und sie schauen *Dich* an. Doch ist Dir das unangenehm? Nein! Wie denn auch? Du siehst sie nicht. Menschen, die ganz unten sind, sehen nichts mehr. Sie verspüren nur Leid, sind blind vor Schmerz! Sie können den Kopf noch kaum heben, um die anderen - um euch zu sehen, liebe Lesende.

***

Als er sein Auto erreichte, kotzte er noch einmal auf den Boden, bevor er einstieg. Er zog seine Jacke aus und saß nun auf dem Sitz. Sein Gestank kam ihm hoch. Sein Blut auf dem klebrig gewordenen Hemd war auf dem Weg, schwarz zu werden und hatte sich mit seiner Kotze und dem Alkohol vermischt. Schweiß und Tränen hatten den Kragen komplett durchnässt. Er zog sein Hemd aus - nicht einmal ein Unterhemd hatte er an. Er fuhr los, er fröstelte; mit freier Brust und befan-

genem Herz trat er aufs Gas.
Es war dunkel und würde es noch mehrere Stunden sein. Kaum Autos auf der A7, wenig Licht - das waren Voraussetzungen, unter denen ein gehirnerschütterter Besoffener auf Schmerztabletten, der kaum die Augen aufmachen konnte, noch geradeso fahren konnte. - -
Aber er schaffte es, einmal noch kam er billig davon. Nach einer knappen Stunde kam er ohne einen Unfall vorsichtig und heil an sein Ziel, wenn man seinen körperlichen und seelischen Zustand überhaupt als heil bezeichnen durfte - er parkte vor Hannas Wohngebäude.

8. Elbet bir gün buluşacağız (Eines Tages begegnen wir uns) - noch ein Traum

Die salzige Meeresluft erfrischt meine Stirn, belebt meine Brust, erquickt mein Herz. Der Spätsommer geht in den Herbstanfang über. Zwei Jahreszeiten begegnen sich. Endlich finden sie zueinander. Ich sitze auf einer hölzernen Bank. Aus meiner Leber wächst ein kleiner Tannenbaum. Er wächst, er wächst. Braun fallen seine Zapfen auf meine Beine und rollen auf den Sand herunter. Erst liegen sie auf dem gelben Sand, dann auf dem weißen Schnee. Hat es geschneit? Ich schaue vom Boden hoch wieder zum Baum, der aus meiner Leber ragt. Seine Äste sind kahl. Auch auf ihnen liegt Schnee.

Ich berühre den Schnee - meine Hände, scheinbar sind auch sie verwintert. Sie sind blass, geschwollen und faltig. Ich berühre mein Gesicht. Es ist faltig und hängt. Ich schaue nach hinten über meine Schulter und erblicke ein Fenster. Mein Gesicht ist darin, doch erkenne ich es nicht gut, dabei ist es nur zwei Meter entfernt. Ich muss noch näher heran. Das Aufstehen macht mir zu schaffen, meine Beine sind mir schwer. Ich beschaue mich im Fenster, ich taste mein Gesicht.

Ich bin alt, ganz alt. Über meine Hände, die mir auf den Wangen liegen, laufen Tränen. Mein Herz aber schlägt ruhig, unverändert weiter. Ich lächle mich an und weine weiter. Ich bin ganz ruhig. Meine Leber zittert nicht; sie ist fester Humus. Die Steine in ihr erschüttern ihr Gleichgewicht nicht. Auch die Steine haben in ihr Frieden gefunden. Der Baum, der sich von ihr ernährte, hat gelebt. Er war einst. Und er ist noch. Aber endet bald. Doch tröstet er sich längst, denn er war einst.

Nachdem ich mich wieder hingesetzt habe, betrachte ich das Wasser. Ich bin früher nie ein Freund des Wassers gewesen. Auf einer Weide lag ich gern. Den Wind spürte ich gern. Das Kitzeln der Halme auf meiner Haut, das spürte ich gern.
Doch das Wasser ist gewaltig. Es reißt alles mit sich. Gleichsam ist es in uns allen - wie Gott.
Das Wasser betrachte ich gern - nun. Ich betrachte gern. Ich habe früher nie so bewusst und genügsam mit dem Auge ausgekostet. Ich wollte wohl immer nur schmecken und berühren.
Nun betrachte ich gern. Und genauso gern - ich höre. Ich höre hin. Sie ist endlich da. Ich höre sie.
Mein ganzes Leben höre ich sie schon:

Bestimmt, eines Tages,
begegnen wir einander.
Vielleicht am Meeresstrand,
dort stehen wir
und betrachten einander.

Ich wusste, sie kommt zu mir; sie wusste, ich komm‘ zu ihr. Wir bewundern gegenseitig still unsere beiden Bäume und schwelgen in Erinnerungen. Unsere Bäume erzählen uns unser Leben - Hand in Hand parlieren wir munter über die Vergangenheit.
Ein Leben ist vergangen. Ein ganzes Leben mit Sehnsucht und Warten. Ein Leben lang hatte in mir ein Feuer gebrannt. Ein Feuer, das mich Stück für Stück auffraß. Ein zweites Leben ist endlich angekommen. Wie eine Nachricht in einer Flasche, vom einen Ende der Welt zum anderen, angeschwemmt am Strand, an dem ich sie erwartete. Wie eine Nachricht, wie ein Lied.
Auch dieses Leben findet nun gleich sein Ende. Das Feuer, das noch kurz vorher in mir brannte, wird nun gelöscht, durch den schmelzenden Schnee, der in mein Inneres tropft. Ich brenne nicht mehr. Das Licht zerfällt.
Ich schaue *sie* noch immer an. Sie überblickt durch meine Augen jede Sekunde meiner Lebensdauer

gleichzeitig, ohne dass die Dauer räumlich wird. So sind es eigentlich auch nicht Sekunden, die sie überblickt; sie überblickt einen unteilbaren Fluss. *Ihr* Verstand ist intuitiv. Mit ihrem Blick hält sie mein gesamtes Leben, obwohl noch nicht geendet, als ein fließend Bild fest. Meine Dauer ist ihr ein Band, sie spult vor und zurück. Sie ist die Ganzwerdung meiner Seele, der unendliche Elan allen Lebens, die Einswerdung der ganzen Welt.
Endlich schlafe ich in ihren Augen ein.

***

Dann öffnete Deniz seine Augen, hob den Kopf. Von den Schultern über den Nacken zum Hinterkopf bis über die Stirn zu seinen Haupthaaren - alles tat so sehr weh, dass er seinen Mund aufriss und lautlos schrie. Sein Mund war auseinandergespannt - dicke Speichelsäulen bildeten sich von den Zähnen des Unterkiefers zu jenen des Oberkiefers. Es schmerzte ihm alles so sehr, er wünschte sich, er hätte weiter träumen können und wäre nie wieder aufgewacht. Dann schluckte er noch zwei Tabletten, fand eine alte Wasserflasche und trank sachte daraus; er versuchte sich zu entspannen. Er lehnte sich zurück. Noch immer stand das Auto vor dem Wohngebäude Hannas. Er musste jetzt über den Traum von eben nachdenken - *Wie seltsam harmonisch sich alles anfühlte…*, wunderte er sich. Als er daraufhin wieder die Augen schloss, fing alles an, sich zu drehen. Nein, nochmal einzuschlafen war ausgeschlossen.
Hanna aber schlief bestimmt. Deniz hatte ihr noch am Abend geschrieben, er würde in Hamburg bleiben übers Wochenende. Mit welchem Recht durfte er das arme Mädchen jetzt wecken und mit seinem armseligen Anblick erschrecken, fragte er sich. Deswegen zögerte er. Er zweifelte überhaupt an seiner den Umständen entsprechend überstürzten Entscheidung in diesem Zustand, um

diese Uhrzeit, nach Kiel zu fahren. Warum hatte er sich in diesem Zustand, statt ärztliche Hilfe aufzusuchen, hierher gequält?
Bei seiner Schwester konnte er sich nicht melden. Mit der Heirat vor zwei Jahren war sie plötzlich erwachsen geworden. Sie stand seitdem unter den Fittichen ihres Mannes, den sie bewundernswert fand, *weil er so klug war*, meinte sie.
Ihr Mann war natürlich nicht viel mehr als ein Idiot und *sie* leicht zu beeindrucken, das wusste Deniz schon nach dem ersten Kennenlernen. Auch die Mutter zeigte sich halbwegs begeistert, doch wohl auch dadurch gefördert, dass ihr die Verantwortung über die Tochter im heiratsfähigen Alter allmählich eine Last geworden war, wie ihr sonst auch jede Verantwortung eine Last war. Und mit ihrer Heirat konnte sie die Tochter samt Verantwortung endlich von sich werfen. Der Vater konnte die Bitte der einzigen Tochter nicht verwehren, auch wenn er den neuen Schwiegersohn seit Sekunde eins nicht hatte ausstehen können. Und dabei war der Schwiegersohn streng religiös und verrichtete regelmäßig sein Gebet. Der Schwiegersohn ging aber auch regelmäßig schwarzarbeiten, während er genauso regelmäßig Arbeitslosengeld kassierte. Deniz' Vater war ein wirklicher Muslim gewesen, hatte immer mit Blut und Schweiß gearbeitet, nie jemanden bestohlen, nicht einmal ein Almosen angenommen; Deniz' neuer Schwager hingegen war leider nur *typisch.* Typisch in welcher Hinsicht? Typisch, nicht bezogen auf irgendeine Religion, sondern auf alle Menschen. Der Schwager war ein typischer Mensch. *Abschaum, ein Haufen Scheiße,* dachte sich Deniz.
„Kuck ma' Kayinço, was Erdoğan wieder in unserer Heimat gebaut hat; die ganze Welt beneidet uns", hatte Deniz' Schwager einmal gesagt, als sie im Hause Yozokan fernsahen.
„Die Sachen, die er bauen lässt mit Steuergeldern, gab es in Deutschland schon in den Siebzigern. Nur sind

die Sachen halt mittlerweile veraltet. Wer heute baut, baut mit moderner Technologie, schneller und verhältnismäßig billiger", auf diese Erläuterung hatte Deniz‘ Schwager nur ein abschätziges Zischen übrig, welches er zwischen seine Zähne hindurch herauspresste. Deniz aber nutzte diese obszöne Verlautlichung des Widerstandes und hakte nochmals nach:
„Eine Frage: Wirst Du irgendeinen Präsidenten in der zukünftigen Türkei, sagen wir in vierzig Jahren, genauso feiern wie Tayyip jetzt, wenn er in Dinge investiert, die der Westen, aber auch China schon heute vorantreiben? - sprechen wir einmal von Industrie 4.0, Informatik, künstlicher Intelligenz usw.", Deniz, der wusste, dass sein Schwager in diesen Dingen nichts Fundiertes beizutragen hatte, musste bei seinem letzten Satz schmunzeln. Der Schwager nahm den Hohn wahr und erzürnte sich darüber:
„Ja ja, ist ja gut!, werden wir ja sehen, was es mit Deiner künstlichen Intelligenz auf sich hat. Vielleicht lässt Du Dir dann ja auch ein bisschen was einpflanzen", dabei lachte er selbst - etwas zu leidenschaftlich gekünstelt mit einem bitteren Beigeschmack - über den eigenen Witz und blickte hoffnungsvoll zum Schwiegervater rüber. Dieser aber war davon abgeneigt, mitzulachen, schaute von ihm angewidert weg aus dem Fenster in die Ferne.
Weil dem verbissenen Schwager die Genugtuung fehlte, wollte er noch nicht aufgeben: „Außerdem, was meintest Du eben eigentlich mit *Steuergeldern*? Welcher Präsident vor *Tayyip reis* hat das Geld des Volkes bisher so gut genutzt, um ihm zu dienen?! Diese Korrupten haben früher doch nur geplündert. Tayyip aber ist ein Muslim, elhamdulillah!"
Deniz, jetzt von der bitteren Leidenschaft des Schwagers angesteckt, wurde lauter: „Ein Muslim? Vielleicht einer wie Du, he?! Der Typ ist der geldgeilste Präsident, den die Türkei je gesehen hat! Der

spielt sich mit jedem Deal in die eigene Tasche und verschuldet die Türkei bei den Banken all jener, die von Schafen wie Dir als Zionisten, Ungläubige und als Feinde beschimpft werden. - - Weißt Du, wie man so was nennt, Kayinço?! - *Selbstfick*!"
Deniz hatte dem Vater aufgrund seiner unverschämten *Kommunistensprache* nichts anderes übriggelassen - nun schrie und fluchte er über seinen einzigen Sohn. Der Sohn, empört darüber, dass der Vater dies vor einem seiner Meinung nach Fremden tat, ging fluchend aus dem Haus. Irgendwie hatte der Schwager kurz seine Genugtuung erlangt, auch wenn der Schwiegervater ihn an diesem Tag keines Blickes mehr würdigte. Der Vater hatte so reagiert, wie es ihm *seine* Kultur gebietet - man schreit Gäste nicht an, *mein Sohn hat sich mit seinem Verhalten beim Gast schuldig gemacht. Durch meine entblößende Rüge habe ich als Gastgeber die Rechnung beglichen.* - - Solche Kulturgesetze enthalten leider keine Extraparagraphen, die Ausnahmen beinhalten, für den Fall beispielsweise, dass der Gast ein Idiot ist.
Am nächsten Tag hatten Schwester und Mutter Deniz so lange angerufen, bis sie ihn dazu überreden konnten, nach Hause zu kommen. So etwas passierte halt. Vater und Sohn stritten und vertrugen sich wieder. - - Als Deniz immer noch von Schmerzen geplagt sich dieser Szene entsann, musste er kurz lächeln. Aber dann fiel ihm wieder ein, wo er grade war und warum er wartete.

***

Zu seiner Mutter konnte er auch nicht gehen - seit dem Ableben des Vaters war sie ein Nervenbündel; gereizt stand sie den nächsten Menschen in ihrer Umgebung gegenüber. Am liebsten begegnete sie ihren Nächsten nicht einmal, von niemandem wollte sie etwas wissen. Seien es die Nahen oder die Fernen - alle Menschen waren ihr undankbar und mangelhaft. Selbst der Sohn, der den einzigen Vater verloren hatte, hatte bei einer solchen Haltung keinen Vorrang. Nicht, dass sie vorher überhaupt jemals eine besonders liebevolle Mutter gewesen wäre; nicht, dass sie jemals eine liebevolle Ehefrau gewesen wäre; nicht, dass sie von ihrem Grundgemüt her jemals heiter oder optimistisch gewesen wäre. Jetzt aber, durch den Tod des Gatten, verblieb sie ihrer Ansicht nach als einzige, die durch diesen Todesfall vom Schicksal bestraft wurde; als einzige, die litt. Sie hielt sich für das einzige Familienmitglied, das zu bemitleiden war. Sie dachte sich, dass die Kinder, schon erwachsen, mehr oder weniger (Deniz wohl weniger als seine Schwester) in ihren eigenen, funktionierenden und routinierten Welten steckten, sodass der Tod des Vaters ihren Lebensboden nicht so erosiv affizieren konnte. Sie als Ehefrau hingegen fühlte sich nun als Witwe wie ein Gebäude, dessen Erdgeschoss gesprengt worden war und das dadurch Stock für Stock in sich zerfiel.

Deniz jedoch, der es von seiner Natur aus nicht einmal zustande bringen konnte, sich über seine Mutter zu erzürnen, wurde ihrem tragischen Geltungswunsch sogar insgeheim gerecht, indem er sie bis in die tiefste Kammer seines Herzens bemitleidete - das tat er aber auch schon latent vor dem Ableben seines Vaters. Indem Deniz die ihm nächsten Menschen seiner Familie bemitleidete, bemitleidete er sich selbst. Er benutzte sie, um sein Selbstmitleid voller und vielfältiger auszukosten. Er bemitleidete sich selbst dafür, dass er eine Mutter hatte, die zu bemitleiden war - das war doch traurig, warum hatte er keine heitere Mutter? Außerdem bemitleidete er sie dafür, dass sie so einen Sohn wie Deniz hatte, der selbst zu bemitleiden war. Gelegentlich, wenn er im Strudel des Bemitleidens feststeckte, verlor er manchmal den Faden und wusste nicht mehr, wen er denn jetzt eigentlich genau

bemitleidete. Er spürte nur ein Stechen in der Magengrube und ein Brennen über der Leber, die Luft in seinen Lungen verwandelte sich in Ethanol und er hustete heißen Dampf aus dem Mund.
Einmal, als Deniz und sein Vater im Hamburger Eigenheim gemütlich im Wohnzimmer ein Fenerbahçe-Spiel kuckten, kam der Vater darauf, zu erzählen, wie er damals als Fünfzehnjähriger vom Dorf in die Stadt geritten war, um für seinen Großvater Geschäfte abzuwickeln und Dinge zu erledigen. Dort in einem Herrencafé, in dem Karten gespielt wurde, hatte er erstmals einen Fernseher gesehen, woraufhin er eingetreten war und einen Tee bestellt hatte. Im Fernsehen liefen damals die Nachrichten über den einzigen Sender des Staates: TRT. Als berichtet wurde, dass bei Paris ein türkisches Flugzeug abgestürzt war und all seine über dreihundert Passagiere gestorben waren, schwiegen die Gäste des Kaffees für ein paar Minuten und hörten auf, Karten zu spielen. Manche gingen gar nach Hause. Deniz' Vater aber war noch dageblieben. Er bestellte sich einen Tee nach dem anderen und nahm seinen Blick nicht vom Wunderapparat; geistig gänzlich eingenommen, verzaubert, hypnotisiert blendete er alles andere aus, was im Café passierte. Selbst die Informationen, die aus dem Fernseher ausstrahlten, riefen, ob sie tragisch, fad oder lustig waren, in ihm keine spezifischen Empfindungen auf. Ob die Nachrichten ein Bild eines Mörders oder Helden zeigten - was der Fünfzehnjährige verspürte, war nichts als kindliche Begeisterung.
Kurze Zeit später wurde das erste Derbyspiel überhaupt in der Geschichte des türkischen Fernsehens übertragen - Fenerbahçe gegen Galatasaray. Fener gewann 2:1 durch die Tore von Ersoy und Osman. In diesem Augenblick wurde der junge Vakkas ein Fenerfan für immer - sein Blut floss ab sofort marineblau und gelb. Diese Geschichte klärte für Deniz auf, wo und wann das Schicksal ihm schon, bevor er überhaupt

geboren wurde, die Ehre als Erbe in Aussicht gestellt hatte, Fan des größten Vereins zu werden. *Da also*, dachte sich Deniz, *wurde seitens des Universums beschlossen, dass ich mich jedes Wochenende vor dem Fernseher heiser schreien und mich mit meinen Beleidigungen an den Müttern diverser Schiedsrichter versündigen sollte....*

Im Anschluss an diese Anekdote, die der Vater, wie gesagt, dem Sohn im Wohnzimmer erzählte, offenbarte er vor Deniz einen seltenen, sentimentalen Moment. - - Immer, wenn Vakkas Yozokan eine Geschichte aus der Vergangenheit erzählte - und dies kam wirklich nicht oft vor, da er die Vergangenheit größtenteils zu verdrängen versuchte - assoziierte er die vergangenen Vorkommnisse mit dem Schmerz seiner trostlosen und *unbespielten* Kindheit. Seine Kindheit war eine zerbeulte, aber ungeöffnete Verpackung gewesen, die im Müll landete - man hatte eine Schachtel mit einem zerbrechlichen Spielzeug drinnen versehentlich auf den Boden fallen gelassen, hob sie dann auf, hielt sie ans Ohr und schüttelte kräftig, um die Versehrtheit des Inneren herauszuhören: „Hmm..., ob das Ding wohl zerbrochen ist? Hört sich irgendwie kaputt an." Seine Kindheit war in einer Schachtel gefangener Schrott gewesen, der weggeworfen wurde. - - Die Erinnerungen an eine solche Kindheit verweigerte er meistens instinktiv.

„Mein Sohn, ich weiß nicht, warum dieser Fernseher und die Menschen in ihm drinnen mich damals so begeistert und gefesselt hatten.... Mein Vater ist ein Unmensch gewesen. Meine Mutter sah ich, obwohl wir im selben Haus lebten, kaum, bis ich sie dann ganz verließ. Als meine Eltern starben, war ich schon ein erwachsener Mann. Den Tod deiner Großmutter hast ja auch du erlebt, da warst du kaum so groß wie ein Esel. Hatte ich je Eltern? Ja und nein. Ich hatte sie, aber wiederum auch nicht. Ich habe wie eine Waise gelebt, ich werde als eine sterben. Das ist ein Fluch, der auf mir lastet.

Meine Väter und Urväter starben meist jung durch die Kugel, durch Blutrache oder für ihr Vaterland. Wer nicht jung starb, wurde zum Tier wie mein Vater. Mich als Mensch zu beweisen und glücklich zu sterben, ist mir nicht vergönnt; das widerspricht unserem Blut, mein Sohn. Deine Mutter aber, mein Sohn; sie kann nichts dafür. Mach ihr nicht immer so zu schaffen. Hasse sie nicht, weil du dich selbst nicht lieben kannst."
Diese Rede des Vaters hatte Deniz nicht unberührt gelassen, doch dachte er, der ganze Argumentationszusammenhang sei faktisch nicht viel wert gewesen. In der Wirklichkeit gab es so etwas wie einen Fluch, wie Vorsehung, Aberglaube usw. nicht. Rein ästhetisch solche Wörter und Gedanken zu verwenden, weil die Vorstellung von einem Gott, einem Planer, einem Maler, einem Verantwortlichen, der uns alle, alle Menschen, partiell von der Verantwortung befreit, immer schaffen und bewegen zu müssen, sodass wir auch leidenschaftlich und bewegt sein können, Getriebene und Gezeichnete sein können, das war schön. Aber, was die Wirklichkeit anging, so zählte nur die Naturwissenschaft - doch auch mit rationaler Genetik ließ sich dieser blutige Pfad, der blutrote Faden der Yozokans nicht nachempfinden, das ging nur mit einer Prise Pathos.
Seine Urväter waren durch die Kugel gestorben - es gab halt Blutrache in Anatolien und häufiger Krieg gegen Ende des Osmanischen Reichs. Sein Großvater war zu einem *Psycho* mutiert, weil er ohne Vaterfigur und mit einer gehässigen Mutter aufgewachsen war und anders seinen unbewussten Minderwertigkeitskomplex nicht verarbeiten konnte. Sein Vater war ein armer Kerl gewesen. Er wuchs mit brutaler Gewalt, Unterdrückung und skrupelloser Kinderarbeit auf. Als Erwachsener gab er sich dann seiner Religion hin, um eine Erklärung für seinen Schmerz zu finden. *Das Leben ist ein Test, Gott prüft, wie viel Leid wir ertragen können* - Predigten, die Deniz seitens des Vaters als Kind stets zu hören bekam.

Eine gewisse Lethargie und Melancholie, die berühmte Denizsche Letharcholie, hatte sich dann schließlich auch in ihm, in Deniz, manifestiert. Er fragte sich, wann diese Neigung so in ihm aufgekeimt war. Als kleines Kind, daran konnte er sich noch erinnern, lebte er noch sorgenfrei. Ein *süßes, geliebtes Kind* ist er laut seiner Schwester gewesen. Aber noch vor der Pubertät fing etwas in ihm an.
Irgendwann bemerkte er, vielleicht war er erst sieben, dass sich die Menschen im engsten Familienkreis sorglos belogen. Seine Mutter lästerte über den Vater und sein Vater schimpfte über die Mutter, oft, wenn entweder der Vater bzw. die Mutter grade allein mit Deniz war. Sie vergifteten diesen naiven, empfindsamen, zum Grübeln neigenden Jungen schonungslos.
Unüberlegt und ohne Bedenken hatte Deniz einmal seine große Schwester am Esstisch gefragt, als sie zu dritt mit dem Vater zu Abend aßen und die Mutter bei ihren Verwandten, also nicht zuhause war: „Abla, sag mal, warum liebt Anne Baba nicht? Sie sind doch miteinander verheiratet! Alle sagen, dass man sich als Ehepaar immer lieben muss. Ich verstehe das nicht. Das tut mir im Kopf weh."
Sofort fing der Vater an, ihn voller Zorn zu schelten. Er fragte ihn, wie er denn so etwas behaupten, nur denken könne, dass die Mutter den Vater nicht liebte!, ohne dabei eine Antwort zu erwarten oder zu dulden. Der Vater schrie Deniz so lange an, bis seine Zornesworte sich in Trauertropfen umwandelten, die als Tränen von den Augen des kleinen Jungen herunterkullerten.
Deniz hatte oft über diesen Moment nachgedacht. Seine Eltern duldeten sich einigermaßen, wenn sie zusammen waren. Doch getrennt voneinander machten sie auf Deniz den Eindruck, einander zu hassen. Warum hatte ihn sein Vater an jenem Tag so gescholten? Wofür? Wusste er nicht, was die Mutter über ihn dachte? Und selbst wenn nicht - aber das war unwahrscheinlich - was konnte

Deniz dafür, dass seine Eltern für ihn in einem Widerspruch verkehrten und er das als naiver kleiner Junge zur Sprache gebracht hatte? Seine Lehrerin in der Grundschule hatte ihm zu jener Zeit schließlich erzählt, dass Menschen, die heiraten, einander über alles lieben müssen und sich nie belügen dürfen! Neugierig fragte Deniz also zuhause nach, wieso man so einfach ein Gesetz brechen durfte, lügen durfte, böse sein durfte - stand das alles nicht unter Strafe? Wieso taten Erwachsene Dinge, für die sie in die Hölle kommen würden? Es war doch so einfach, das alles nicht zu tun und am Ende belohnt zu werden. - - War das die Initialzündung, die in Deniz eine Aufklärung aufkeimen lassen sollte, ihn zum Ungläubigen machen würde? Er wusste es nicht mehr.
Menschen belügen sich selbst wie auch gegenseitig. Die Wahrheit nicht auszusprechen, ist ein essenzielles Instrument in menschlichen Beziehungen. Vielleicht, so dachte sich Deniz nun, fing auch seine Depression in jener Zeit als Kind schon an. Eine Desillusionierung - mit jedem Kilo, den Deniz zunahm, während er wuchs, brach die Wolke, auf der er bisher gelegen hatte, allmählich ein, konnte ihn nicht mehr halten. Er fiel *auf die Erde nieder, wo wir Menschen sind*. Weinend trug er sein Kreuz, ohne jemanden um Hilfe zu bitten.
Dabei hatte Deniz' Schulzeit damals mit so guten Vorsätzen begonnen. An einem Nachmittag nach der Vorschule sprach er zu seinem Vater: „Baba, Frau Königs hat heute alle in der Schule gefragt, was ihr Name bedeutet. Ich wusste aber nicht, was ich antworten sollte."
Der Vater tätschelte den Kopf des noch Sechsjährigen: „Dein Name bedeutet *Meer*."
Der kleine Sohn blickte mit einem Fragezeichengesicht in die Ferne: „Meer?"
„Ja, mein Sohn, Meer, wie das Wasser am Strand."
Als der Sohn den Vater überraschend fragte, warum er

ihn denn nach dem Meer benannt hatte, begann der Vater eine andere und frühere von den oben erwähnten, wenigen, emotionalen Anekdoten zu erzählen: „Bevor ich nach Deutschland kam, fuhr ich ein paar Jahre nacheinander von Sommer zu Sommer nach Adana, um dort Baumwolle zu pflücken. Einmal, als ich schon früher als alle anderen mit meinem Feldbereich fertig geworden war, hatte ich den Bus Richtung Strand genommen. Ich hatte noch Zeit und Neugier übriggehabt. Angekommen zog ich meine Latschen aus und ging barfuß auf den Sand. Als ich so dastand und das aller erste Mal auf ein Meer blickte, zitterten mir Arme und Beine bis ins Mark. Dieses kräftige, glänzende, schimmernde Blau, das immer wieder in meine Richtung flutete und dann vor meinen Füßen abebbte..., als wollte Gott mir sagen: *Schau, geschaffenes Wesen: Die Gewalt, vor der du Angst hast, ist groß, aber untersteht meinem Wort, denn meine Größe ist größer, als du denken kannst. Wenn ich will, überschwemme ich dich, wenn ich will, lebst du. Bete stets für meine Gnade und diene mir, deinem Schöpfer!*"

Diese Eingebung brachte Deniz' Vater seinem Gott näher. Er versprach sich selbst, sollte ihm einst ein Sohn vergönnt sein, würde er ihn nach dem unendlich blauen Meer benennen, damit er ihn stets an die Güte und Gnade Gottes erinnern würde.

***

An all diese Dinge musste sich Deniz in diesem Moment erinnern; sein Kopf dröhnte noch immer. Seine Gedanken sprangen von links nach rechts, von oben nach unten; sie stießen an, sie stießen frei, sie warfen ein, sie schossen Ecken. Eigentlich wollte er nur sein aktuelles Vorhaben, zu Hanna zu gehen, durchdenken - geriet er jedoch in sein Familienschicksal, seine Kindheit und reflektierte die Geschichte seiner Namensgenese.

Wieder wollte er weinen, nur wusste er nicht einmal so recht, wieso. Sicherlich waren es nicht nur die physischen Schmerzen. Er flüsterte sich selbst zu, „Ich will nicht mehr, bitte, ich will einfach nicht noch mehr ertragen. Es ist doch genug." Er sprach zu sich selbst, da er an kein metaphysisches Wesen glaubte, an das er sein Flehen hätte richten können.
Nun war Deniz‘ Seele eine Republik, die viele Krisenzustände überlebt, sich immer wieder neu aufgebaut, aus Fehlern sich erfahren hatte und Selbsttechnologien entwickeln konnte, die Deniz‘ Gemütsdynamiken lenkten, wie ein Staat seine Bevölkerung. So fiel Deniz aus seiner Trauer heraus der triste, aber schöne Traum ein, den er vorhin gehabt hatte. Das beruhigte ihn etwas. „Siktir et" - da sagte er sein Mantra wieder auf und formulierte seine letzten Ketten aus Durchhalteparolen: „Aus irgendeinem Grund bist du hierher zu ihr gefahren. Du hast sie am Abend noch mehrmals betrogen und willst sie, jetzt wo du unten bist, wieder benutzen, um dein Leid zu zerstreuen. Du wünschtest dir, ein guter Mensch zu sein, aber die Welt macht es, dass es dir nicht gelingt! *Du würdest, wenn du könntest, aber du kannst nicht*. Auch wenn dich das zu einem abscheulichen Wesen macht, es ist das, was dich jetzt retten wird". - - So entschloss sich Deniz, zu Hanna hochzugehen.

9. Seneca und das Meer

Deniz stieg aus dem Auto und holte einmal tief Luft. Dann steckte er sich eine Selbstgedrehte in den Mund und zündete sie an. Er zog und hustete beim ersten Mal. Dann nahm er einen zweiten Zug. Die Zigarette schmeckte ihm. Das war vielleicht die beste Zigarette des Tages und doch schmerzte immer noch jedes Atom seines Leibes.

Er versuchte zu zählen, wie viel er heute geraucht hatte. *Fünf davor, danach locker zehn da, dann da auf dem Weg wieder fünf, da locker fünfzehn…* - er kam auf ca. fünfzig. Das ist ein neuer Rekord, dachte er sich. Egal. Er konnte gleich Trost finden. Hanna: Sie hatte Deniz schon in diversen Zuständen gesehen und dennoch würde ihr seine jetzige Erscheinung wirklich ein Novum sein - und trotzdem würde sie mit Verständnis reagieren und ihn nicht allzu sehr mit Fragen durchbohren. Sie würde nur versuchen, komfortable Umstände für ihn einzurichten. Und er könnte schlafen; endlich schlafen - „sterben, schlafen…" - ihm fiel sein Text vom Theaterunterricht in der Oberstufe ein, als er Hamlet gespielt hatte. Das brachte ihn nochmal zum Lächeln, bevor er dann an die Haustür herantrat.

Die Zigarette lag nun auf dem Boden. Er nahm seinen Schlüssel heraus, öffnete die Tür und ging gemütlich die Treppen nach oben zur Wohnung hoch.

Als er vor der Tür stand, hörte er ungewöhnliche Geräusche aus der Wohnung kommen. Ein aufgeregtes Gespräch und Hannas Lachen. Die andere Stimme war ein Mann. Deniz öffnete ganz leise und behutsam die Tür und schlich sich herein. Im Flur lagen fremde Männerschuhe frei in vermeintlicher Sicherheit. Das Gespräch zwischen Hanna und dem Fremden war in ein sinnliches Zweierleigestöhne gemündet. Als Deniz das

Zimmer betrat, blieb er in der Tür stehen. Es dauerte einige Sekunden, bis Hanna diese dunkle Gestalt bemerkte. Sie schrak auf und rief impulsiv „O Gott, bitte nicht!" Dadurch ebenfalls auf Deniz aufmerksam geworden sprang der Fremde wie vom Blitz getroffen auf und sprang eilig zu seinen Sachen.

Deniz schaltete das Licht an. Hanna kauerte die angewinkelten Beine umarmend und weinte schluchzend in ein Kissen. Der Fremde zitterte am ganzen Körper. Deniz fing an, aus der ganzen noch verfügbaren Luft seiner angeschlagenen Lungenflügel heraus bitter und heiser zu lachen. Er lachte sie aus - er lachte sich aus.

Kaum hatte der Fremde die Unterhose an und alles andere über den Arm geworfen, wollte er zügig an Deniz vorbei. Deniz lachte noch immer.

Genau als er an Deniz vorbei war, drehte sich Deniz um und warf seinen Arm um seinen Nacken. Im einhändigen Schwitzkasten schleifte er ihn über den Flur zur Wohnungstür, die er aufgelassen hatte, damit das Schließen kein zu lautes Geräusch erzeugt hätte, um die beiden in flagranti überraschen zu können. Er schloss die Tür mit der freien Hand, damit die Nachbarn nicht auf ihn aufmerksam würden. Die andere Hand war noch Teil der Schlinge, Endstück seines Arms, mit der er den Fremden fest umschlossen schleifte.

„Bitte nicht, bitte, ich wusste nichts, wirklich. Ich schwöre auf meine ganze Familie und alles, was mir heilig ist!", flehte der Fremde kaum zu hören, da ihm der Hals noch zugedrückt wurde, er winselte fast schon, „O Gott, bitte nicht, O Gooott, O neeeinn, bitteee". Er schluchzte, winselte, flehte, war vor Angst mal für eine Sekunde paralysiert, mal wieder aufgeschreckt und zappelte wie jemand, der wusste, dass er jetzt sterben musste. Der Fremde war wie eine Chimäre aus einem Pferd, das man mit einem Lasso fängt, und einem an der Angel hängenden Fisch. Deniz ließ ihn auf den Boden krachen und wollte nun auf ihn eindreschen.

Hanna wollte noch dazwischen gehen - doch wurde ihr Interventionsversuch sofort mit einer Ohrfeige und einem „Schnauze, du verfickte Schlampe!" unterbunden. Hanna stürzte mit blutender Nase. Dann legte Deniz den Fremden auf den Boden und schlug ihn so lange, bis seine Fäuste an den Zähnen des Fremden einrissen - noch ein paar Hiebe mehr und er hätte seine kalkweißen Fingerknochen aus den Rissen herausfunkeln sehen können. Er spürte, dass er dem Fremden bereits Schneidezähne herausgebrochen hatte - er hielt für einen Augenblick inne, dachte an seinen eigenen Schneidezahn, der ihm heute abgebrochen wurde. Während dieser Pause erkannte Hanna einen kleinen Hoffnungsschimmer, um einzugreifen und warf sich auf Deniz: „Bitte hör auf, bitte!"
Deniz schaute sieben Sekunden hoch zur Decke, Schweiß flutete ihm über den Kopf, er keuchte, ihm wurde schwarz vor Augen. Er kniff die Augen einmal zu und öffnete sie vorsichtig wieder. Er war wieder da.
Er warf Hanna zurück zur Seite. Er sah verächtlich zum Fremden herüber, der aufzustehen versuchte. Deniz spuckte ihm ins Gesicht, wobei der Fremde vor Schreck wieder stürzte, hatte er es davor kurz geschafft, sich mit den Händen auf dem Boden etwas abzustützen. Die Spucke wurde vom Blut in seinem Gesicht assimiliert. Dann aber blickte Deniz mit all seinem Argwohn auf Hanna und ließ den Fremden ziehen. Dieser stopfte sich sein Shirt in die blutende Fresse. Dadurch wurde sein widerwärtiges Heulen, das Deniz kein Mitleid, nur Ekel erlaubte, gedämmt. Torkelnd versuchte er, wegzukommen, wobei er eine Blutfährte von kleinen Blutstropfen hinterließ. Ihm wurde so schwindelig, als er die Tür öffnen wollte, dass er einmal umkippte; das konnten die beiden anderen im Zimmer nicht mehr sehen. Dann stand der Fremde mit den letzten Reserven der Adrenalinquellen wieder auf und verließ das Gebäude.
„Jetzt zu dir, du elende Schlampe!"

Deniz setzte seine Knie auf Hannas Brüste und würgte sie, bis sie wie eine Brombeere im Verlaufe des Sommers allmählich von blass über rot bis dunkelblau anlief. Ihre Wangen waren geschwollen und die Augen substituierten ihr Weiß allmählich durch ein Rot. Beide schauten sich gegenseitig in die aufgerissenen Augen. Nun wurde auch der Punkt der Einsicht erreicht, an dem Hanna sich nicht mehr wehrte und abgeschlossen hatte; an dem sie wusste, *das war's jetzt.* - - Dann tropften ihr plötzlich Deniz' Tränen ins Gesicht und es wurde locker um ihren Hals. Die Halbtote rang nach Luft und hustete wegen der auf einmal neu eingeatmeten Luft in die leeren Lungen, wobei sie bereits unbeherrscht zu weinen angefangen hatte. Deniz saß noch auf seinen Knien, blickte auf den Boden und weinte, während er sich die Handflächen vor das Gesicht hielt und auf sie blickend „Wieso?!" rief.
Hanna lag mit dem Rücken auf dem Boden und sagte weinend immer wieder „Deniz, es tut mir leid, es tut mir so leid", was fast schon melodisch anmutete, als würde sie traurig singen: eine Elegie.
Der Anblick Hannas - schluchzend und blutend wimmerte sie auf dem Boden - für Deniz war ihr jede Würde, Ehre, jeder Stolz abhandengekommen. Das zündete ein Mitleidsfeuer in Deniz. In diesem Moment tat sie ihm fast schon mehr leid als er sich selbst. Doch warum? Das alles war nicht gerecht! Diese ganze Welt. Wimmerte ein schuldiger Mensch würdelos auf dem Boden, das hätte Deniz nicht wehgetan. Aber, dass ein junges Mädchen so entblößt auf dem Boden niedergeschlagen war, das er selbst dutzende Male betrogen hatte, das von ihm nie ernstgemeinte Aufmerksamkeit bekam, von ihm nie mit ihrem eigenen Wert geschätzt wurde, sondern nur insofern einen Wert gehabt hatte, als sie ihm in irgendeiner Hinsicht hatte dienlich sein können - das war keine Gerechtigkeit! Und jetzt besaß er auch noch den Mut, ihr körperliche wie seelische Gewalt anzutun,

ihr Todesangst einzujagen. Mit verschwommenen Augen schielte er zu ihr und dachte: *Steh auf Hanna, lass mich dort liegen und Teil des Bodens werden, dass du auf mir trampeln mögest, solange du lebst* - das hätte Deniz am liebsten gesagt.

Deniz' Selbstkritik jedoch war aber auch nicht ganz gerecht; dürfen wir doch eines nicht vergessen, liebe Lesende: Deniz wurde, nur weil er einen Freund befreien wollte, krankenhausreif geprügelt, und zudem von eben jenem Freund zutiefst verraten; und jetzt kam auch noch der Verrat - egal in welchem Verhältnis das auch zu Deniz' Schuld stand - des einzigen Menschen dazu, bei dem er hoffte, Ruhe vor all dem zu finden. - - *Siktir et, selbst Schuld….*

Er richtete sich auf, wischte sich die Tränen und ging langsam aus der Wohnung. Er wusste, dass die Polizei gleich eintreffen würde. Wenn nicht der Fremde, der weggelaufen war, hatten spätestens die Nachbarn sicher schon die 110 angerufen und den Krach um diese Uhrzeit gemeldet. Beim Rausgehen rief er noch einmal in die Wohnung zur weinenden Hanna „Ich vergebe dir, hörst du?! Ich bin viel schlimmer als du; viel schlimmer als alle…". Als er hörte, wie ihr Schluchzen nach seinen Worten plötzlich lauter wurde, trat er dann endgültig aus der Tür - er war ihr, der ganzen Situation, gar dieser Welt überdrüssig geworden.

Auf dem Weg zum Auto zündete er sich wieder eine Zigarette an. Er stieg ins Auto, schnallte sich pflichtbewusst an und fuhr los. Als er auf die Hauptstraße gelangte, düste auf der Gegenspur ein Polizeiauto an ihm vorbei. Er spürte einen Stich in seinem Magen, als ihm der plötzliche Gedanke kam, wie schlimm das wohl gleich für Hanna sein würde, wenn die Polizei einträfe und vielleicht sogar einen Rettungswagen für sie riefe usw.…, aber daran durfte er jetzt nicht mehr denken. Das ging ihn nichts mehr an. Von solchen Menschen, einer solchen Situation, von einer solchen Welt hatte er sich endlich befreit. Deniz hatte ein Ziel, er wusste, wohin er fuhr - es ging zum wunderschönen Ostseeambiente der Kiellinie. Er legte auf nostalgisch eine CD ein, die Hanna vor über einem Jahr gebrannt hatte - das Auto hatte weder Bluetooth noch USB-Zugang. Es waren Popsongs aus der Kindheit. Hanna und Deniz liebten die späten Neunziger und Anfang Zweitausender. Die Lieder aus dieser Zeit bewirkten irgendwie eine romantische Wehmut bei beiden. Es lief „Can't fight the Moonlight" von LeAnn Rimes.

„But you know that you can't fight the moonlight
No, you can't fight it
It's gonna get to your heart"

Aus dem Kontext herausgeschnitten könnte man bei diesen Versen vielleicht sogar denken, es handle sich um einen Horrorfilm. Das Gegenteil war der Fall - es war eine billige Schnulze, eine beliebige Liebesgeschichte. Als Deniz das Lied das erste Mal gehört hatte, war er vielleicht grade einmal acht oder neun Jahre alt gewesen. Er hatte ja noch gar kein Englisch verstehen können. Trotzdem liebte er das Lied damals. Und jetzt, wo er endlich begriff, worum es Wort für Wort im Liedtext ging, liebte er es trotz alledem immer noch. Es konnte ihn irgendwie aufmuntern. Da wurde Deniz bewusst, dass jede Aufmunterung für ihn stets Manipulation bedeutete. Er begriff, dass einer seiner Kernselbsttechnologien Selbstbetrug war - wie viel Material aus seiner Kindheit war aber noch übrig für ein ganzes und langes Leben? Und überhaupt: Er war allen Lügen und Selbsttechnologien überdrüssig. *Da ist einfach keine Hoffnung mehr für mich*, dachte sich Deniz und schaltete das Autoradio wieder aus. Er war sowieso gleich da, wo er sein wollte. Dort brauchte er keine Musik, keinen Selbstbetrug mehr. Das Rauschen des Meeres würde ihm zur Elegie werden.

An der letzten Ampel vor seinem Ziel drehte er sich wieder eine Zigarette. „Jede Zigarette heute soll dir

schmecken, Deniz!", sagte er laut. „Mach Dir keine Gedanken darüber, ob Du zwischen den Zigaretten genug Pausen lässt, damit Du die nächste wieder genießen kannst. Heute ist nicht der Tag für diese eingebildeten Regelspielchen. Heute rauchst Du ohne Pause bis zum Ende und genießt jeden einzelnen Zug. Jeden einzelnen!"
Als er am Ziel war, überlegte er kurz in einem Moment der Verwirrung, ob er noch lebte - „Ich denke, also bin ich…", sagte er sich dann laut und belustigt.
Deniz war ein junger Mann, der sich manchmal fragte, ob etwas, von dem er wusste, dass es eigentlich passiert war, wirklich so passiert war. *Bin ich eben an der Ampel wieder losgefahren, als es grün wurde oder bin ich noch bei rot los und wurde von einem LKW getroffen? Bin ich grade hier auf dieser Straße? Oder bin ich auf dem Weg ins Krankenhaus? Werde ich, bevor der Rettungswagen ankommt, schon tot sein?* Öfter hatte er sich schon, wenn er zu Fuß eine Straße überquerte, gefragt, ob er nicht angefahren wurde. Er war schon über die Straße gelaufen, hörte nur im Rücken, wie die Autos vorbeifuhren und wusste kurz nicht, ob er es geschafft hatte, wenngleich er zugleich wusste, dass er es geschafft hatte und in Sicherheit war. Ähnliches passierte ihm hin und wieder, wenn er mit jemandem konzentriert sprach - *habe ich ihm vor einer Sekunde ins Gesicht gespuckt? Aber wenn dem so wäre, warum redet er so weiter, als wäre nichts passiert? Warum greift er mich nicht schockiert und erbost an?* Er wusste, dass das ausgeschlossen war, dass er grade dieser vor ihm stehenden Person ins Gesicht gespuckt hatte, während diese noch ungestört weitersprach, aber gleichzeitig nahm etwas in ihm an, dass er es doch getan hatte. In ganz ruhigen und friedlichen Gesprächen passierte ihm das. Er brachte den wirklichen Zeitstrang mit parallelen und hypothetischen Zeitsträngen durcheinander, sodass er nicht mehr wusste, was wirklich war. Deswegen verlor er manchmal

den Faden im Gespräch und musste fast schon lachen, obwohl er sich dessen im Klaren war, dass da nichts Sonderliches passiert war. *„Ich spucke ihn an und er spricht einfach weiter, ohne sich wenigstens die Spucke aus der Fresse zu wischen…"*.

Deniz hatte häufiger im Leben darüber nachgedacht, warum ihm in solchen Situationen so geschah. Steigerte er sich nicht einfach nur hinein?! So radikal waren diese Zustände ja auch wieder nicht. Er verlor ja nie gänzlich die Fassung, sein Bewusstsein wackelte nur kurz und stabilisierte sich nach einiger Zeit wieder; er hatte ja keine Halluzination, war ja nicht verrückt oder wahnsinnig, folgerte er. Ein rebellischer und separatistischer Machtanspruch in seinem Bewusstsein, ein Terrorist, setzte sich für einige Wimpernzüge durch und hinterfragte unreflektiert geglaubtes Wissen. Daraufhin wurde der Aufstand blutig niedergeschossen. Unmittelbar danach wusste er doch wieder, was passiert war und dass das andere nur eine nachträgliche bzw. parallele Einbildung gewesen war. Und dennoch: Die Einbildung kam ihm manchmal so echt vor! Ja und trotzdem: Sie konnte niemals das, was er wirklich als die Wirklichkeit wahrnahm, ernsthaft erschüttern. *Die Wirklichkeit blieb Wirklichkeit, Blaukraut blieb Blaukraut und Brautkleid Brautkleid.* - - Wie auch immer: Als dubiose Angewohnheit hatte sich diese parallele Einbildung in seinem Bewusstsein fest etabliert und tauchte hin und wieder auf.

Aber was ist denn eigentlich dubios daran?, fragte sich Deniz gleichsam. *Was ist schon echt? Alles, was ich sehe, wird durch mich erzeugt. Bin ich nicht irgendwie der Erzeuger dieser Welt?!, meiner Welt.*

In der Oberstufe hatte Deniz damals einen Philosophielehrer, seinen Lieblingslehrer, der ihm in jener Zeit zum Thema Konstruktivismus einmal sagte, dass jedes Individuum seine eigene Wahrheit und Wirklichkeit habe. Deniz hatte diese These damals

verstanden und verinnerlicht. Heute fragte er sich aber vorlaut, ob er ihn damals nicht hätte rhetorisch korrigieren müssen: „Vielleicht hat jedes Individuum ja seine eigene *Lüge*? Meinen Sie nicht?"
Wenn Wahrheit Allgemeingültigkeit bedeutet, spekulierte Deniz, *aber jeder seine eigene angebliche Wahrheit hat, dann ist alle Wahrheit nur Schein. Und wer das nicht einsieht, macht Schein zur Lüge!*
Dann verband er die konstruktivistische Erkenntnis mit dem Tod: *Wird die Welt weg sein, wenn ich weg bin? Hat es sie dann nie gegeben? Ich kann mir das Nichts nicht vorstellen; es ist unvorstellbar. Genauso kann ich mir nicht vorstellen, wie aus dem Nichts etwas entstanden sein kann. Wie kann es einen Gott geben, der nicht gezeugt wurde, den es schon immer gab und der immer sein wird? Er muss doch auch aus irgendwas entstanden sein! Das widerspricht sonst der Logik von Ursache und Wirkung. Von nichts kommt nichts und ein Etwas kann sich nicht als Nichts vorstellen, da es etwas ist. Sich als Etwas mit dem unausweichlichen Nichts zu konfrontieren, kann grausam sein, wenn man zu lange darüber nachdenkt. Also sollte ich jetzt vielleicht damit aufhören…*. Deniz ließ seinen Kopf nach hinten fallen, schaute auf die hellgrauen Fasern der Decke und seufzte einmal kräftig - „Ach, immer dieses Denken!", rief er aus.

***

Angekommen schaltete Deniz endlich den Motor aus - es fing langsam zu dämmern an. Das Auto parkte vor der Bellevue-Brücke an der Kiellinie. Das Wasser war noch zu schwarz. Der volle Mond spiegelte sich im rauschenden Pech.
So weit, so gut, dachte sich Deniz, *hier bin ich nun, hier stehe ich*. Es ging ihm Unzähliges durch den Kopf. *Wer trägt die Schuld an meiner Lage? Die Genealogie*

der Schuld, dachte er, *ist unbestimmbar. Irgendwo fing es an und wurde weitergereicht. Jeder erhält sein Stück vom Kuchen; der Bäcker aber ist unauffindbar.* Wieder kamen ihm wie am Vortag Adam und Eva in den Sinn. Er glaubte zwar nicht an sie, jedoch verstand er deren Zweck. Sie gaben eine Antwort auf eine unlösbare Frage: *Mit ihnen begann die Sünde und seitdem sind wir alle, die nach und nach geboren werden, Abschaum. Ist der Ruf einmal ruiniert, lebt es sich ganz ungeniert. Fragst Du Dich, warum Du so bist, wie Du bist? - kuck Deine Eltern an, sie sind schuld. Sie können aber nichts dafür, denn ihre Eltern haben sie zu dem gemacht. Aber auch die wiederum hatten Eltern, die sie zu dem machten, was sie wurden usw.… - - Adam und Eva, diese beiden tragischen Helden, sind der Deckel für die Endlosschleife der menschlichen Schuld. Sie eigentlich sind das Ende von Gott und damit berechtigterweise der Anfang des Menschen.*
Die Menschheit ist verdorben, das wusste Deniz. *Es durfte niemals ein Tropfen vom schwarzen Öl in das reine Wasser fallen. Die Welt ist nur gut, sofern sie ideal* und *ohne Fehler ist. Mit der ersten Lüge starb das Gute, starb Gott, seine Gnade und Gunst. - - Gott wurde zur Utopie, zum Nichtort*, so schloss Deniz.
Bei all dem Übel auf der Welt - so ähnlich heißt es in einem Zitat, das Epikur zugeschrieben wird - *muss Gott, wenn er denn allmächtig ist, missgünstig sein, wenn er das Schlechte nicht verhindert.*
Deniz fragte: *Er hat die Allmacht zum Guten, aber lässt mich verkümmern? Warum erleuchtest du mich nicht?! Weil es dich etwa nicht gibt!? Ich wünschte mir grade dennoch* - das sagte sich Deniz in aller Redlichkeit - *ich wünschte dennoch, ich könnte an dich glauben!*
„Gott ist tot!", sprach der Antichrist Nietzsche. In der Bibel aber heißt es: „Wenn du mit deinem Mund bekennst, dass Jesus der Herr ist, und in deinem Herzen glaubst, dass Gott ihn von den Toten auferweckt

hat, wirst du gerettet werden." - - Jesus war Asket und starb am Kreuz, Nietzsche Frauenverächter und starb an Syphilis - als Deniz solche Gedanken durch den Kopf gingen, musste er über sich selbst lachen; das vorletzte Mal.

***

Es gab kein didaktisch-literarisches Werk, das Deniz jemals so genüsslich befriedigen konnte, wie Senecas Briefe an Lucilius. Deniz versuchte, sich Senecas Gesicht hervorzurufen. Er hatte sicherlich schon öfter mal eine Büste von ihm oder ein Bild von einer Büste gesehen. Aber irgendwie konnte er sich daran überhaupt nicht mehr erinnern. Platon war sofort abrufbar, Sokrates und Aristoteles auch. Sein Lieblingsphilosoph Seneca aber nicht. Komisch, er hatte zwar kein Gesicht vor Augen, aber sah Seneca mit seinem Herz ihm zulächeln, wenn er ihn las. Die Ruhe und die wohlwollende Gesinnung, die sich aus jedem Buchstaben Senecas heraus streute, ließen keinen anderen Gedanken zu, als dass Seneca ruhig, freundlich und mit einem Lächeln sprach; egal worüber er sprach.

„Der schmutzigste Tod ist der saubersten Sklaverei vorzuziehen", schrieb Seneca in seinem Brief. *Ein Leben, das mich nicht leben lassen will, ist Sklaverei*, begriff Deniz. *Außerdem soll es nicht einmal ein schmutziger Tod sein* - mit einem Lächeln resümierte er vorfreudig - *es wird sogar ein sehr sauberer Tod sein, eine Art Reinwaschung*.

Deniz kramte sein Handy heraus. Er blickte in den Spiegel, zog ein feuchtes Tuch aus dem Handschuhfach und versuchte sein Gesicht, so gut es ging, ein letztes Mal noch herzurichten. Er lächelte in die Frontkamera mit geschlossenem Mund, machte ein Selfie und postete es auf Facebook mit einem Zitat von Seneca:

„Gefällt dir das Leben, so lebe! Gefällt's dir nicht,

so hast du die Freiheit, wieder dort hinzugehen, von wo du kamst."
Dann fiel ihm ein Zitat von Montesquieu ein: „Wenn einem Europäer ein Unglück zustößt, so meint er sich dadurch Rat zu schaffen, dass er die Schriften eines Philosophen aufschlägt, der Seneca heißt. Allein die asiatischen Völker sind darin viel klüger und bessere Naturverständige; sie halten sich an Tränke, die den Menschen lustig machen und das Bewusstsein seines Verdrusses für einige Zeit von ihm wegzaubern."
Deniz sprach zu sich selbst laut: „Mein halbes Leben habe ich als Asiat verbracht und mir den Schmerz vom Herzen auf die Leber gesoffen; Abschied nehme ich aber als Europäer mit Seneca… hahaha", nun lachte er das letzte Mal - ein majestätisches Lachen, das heiter frohlockend den Nacken in die Guillotine wirft.
Jetzt liefen ihm auch das letzte Mal die Tränen herunter; er weinte, ehrlich und allein, wie Erwachsene weinen. Jetzt fiel ihm auch der zweite Satz des Zitates aus dem südkoreanischen Film „Oldboy" ein. Damals stand Deniz vor der Mensa und dachte an den ersten Teil des Zitats: „Lache und die ganze Welt lacht mit dir" - der zweite und komplementäre Teil passte auf seine jetzige Lage besser: „Weine und Du weinst allein." Dass dies ursprünglich ein Zitat der Schriftstellerin Ella Wheeler Wilcox war, die genau 100 Jahre zuvor ins Jenseits gegangen war, wusste er in jenem Augenblick nicht.
Er schluchzte aus Enttäuschung über die Welt, über sich selbst und darüber, dass sie nicht zueinander gepasst hatten. Es wurde allmählich hell und er weinte mit der Stirn auf dem Lenkrad.
Dann versuchte er, sich zu beruhigen, und besann sich noch einmal. Er wischte sich mit einem Ärmel die Tränen aus den Augen und den Schleim aus der Nase und holte erneut sein Handy heraus. Ich habe Seneca honoriert, aber ein paar andere, die mich durch mein Elend

begleitet haben, darf ich nicht vergessen. Er verlängerte noch das Senecazitat in seinem Facebookstatus zusätzlich um die wenigen Sätze.

„[…]Meister Akutagawa, Meister Dazai, entschuldigt,
ich hielt nicht lange genug durch, um altersmäßig
der passende Dritte in eurem Bunde zu sein.
Selam olsun, Sabahattin Ali Efendi, ich habe gegen
den Dämon in mir bedauerlicherweise verloren.
Lieber Kafka, in einer Welt, die nicht mehr als eine
Lüge ist, stürzte meine innere Wahrheit mich ins
Unglück.
Seid gegrüßt; hallo Welt! - und gleichzeitig feiere
ich meinen Abschied… -
Deniz, Sohn des Vakkas, werde ewig in deinem
Namensvetter,
dem unendlich blauen Meer."

***

Es war also beschlossene Sache. Das war's! So ist es nun einmal gekommen. Weder an die Vergangenheit noch an diejenigen, die er zurückließ, konnte er jetzt noch denken - wie der Tropfen Öl das Wasser schwärzt, würde der kleinste Funken Zweifel seinen Entschluss erschüttern. Dafür war jetzt kein Platz mehr. Keine Tränen, kein Lachen, kein Empfinden. Jedes Gefühl musste sterben, damit Deniz sein Vorhaben, Frieden zu finden, durchziehen konnte; der *Sklave* musste sich frei machen - „Siktir et!", sagte er sich ein letzte Mal.
Es hatte gedämmert. Es ward endlich Licht, alles hell, der Himmel frei, das Meer blau. Die Straße herunter sah Deniz bereits in der Ferne Menschen. Es musste jetzt schnell gehen. Er zündete den Motor, fuhr über den Bordstein hoch über den Gehweg. Dann beschleunigte er kontinuierlich und raste einmal quer über die Brücke, die ein gutes Stück weit ins schon tief werdende Wasser führte. Das Auto sprang mit seinem Kapitän Deniz ins unendliche Blau.

Menschen in der Umgebung liefen zum Tatort. Rettungswagen und Polizei wurden gerufen. Einer sprang sogar ins Wasser für eine aussichtslose Rettungstat. Doch die Fensterscheiben zerplatzten; erst füllte sich das Auto und dann Deniz‘ Lungenpaar mit Wasser. Jetzt war ihm nicht mehr gelb, noch interessierte ihn das Grün der anderen - Deniz war jetzt blau.

***

Deniz Yozokan starb frei und freiwillig einen Monat vor seinem fünfundzwanzigsten Geburtstag.

10. Epilog

Als Melek Yozokan, des Toten Deniz‘ Mutter, über den Vorfall bezüglich des Sohnes benachrichtigt wurde - Deniz‘ Schwester Nuray besuchte sie zuhause, um ihr die Todesnachricht zu überbringen - schmiss sie die Tochter, die mit ihrem Mann gekommen war, aus dem Haus heraus, um ihren sich anbahnenden Nervenzusammenbruch nicht nach außen zu tragen.
Melek Yozokan hielt nicht nur vierzig, sondern dreimal vierzig Tage Trauer; bis zu ihrem Tod. Sie starb mit der Trauer, starb durch die Trauer, die sie erst über den Ehemann, dann über den Sohn hielt. Postum sagte man sich, sie habe nach dem Tag der Todesnachricht nicht mehr viel gesprochen. Sie hätte einfach aufgee hört; mit der Todestrauer über den einzigen Sohn, der die Narbe, jene der Ehemann mit dem Tod hinterlassen hatte, wieder aufriss, hörte die Mutter auf zu sprechen. Dann starb sie.
Das Haus, das Vakkas Yozokan Stein für Stein gebaut hatte, wurde verkauft. Mit einem Teil des Ertrags gab die Mutter die Aufträge, die Moschee aus dem Heimatdorf des seligen Ehemanns zu renovieren und die Bibliothek der Oberschule auszubauen, welche anschließend rituell eröffnet wurde. Vor allem Kinder aus dem Dorf kamen, um sich die neue Bibliothek anzuschauen. Über die Eingangstür wurde das Schild „Mavi Deniz" (Blaues Meer) gehängt. Aber da war die Mutter schon bei ihren Männern im schwarzen Nichts.
Als des Toten Deniz‘ Schwester Nuray die böse Nachricht erhielt - Hanna, die die Nummer der Schwester hatte, weil Deniz sie einmal über ihr Handy angerufen hatte, wollte sie telefonisch aufklären - war sie in einem Supermarkt einkaufen.
Weinend sprach Hanna „Nuray, hier ist die Freundin von

Deniz. Ich muss dir was erzählen. Deniz… er ist…", zu Weiterem vermochte sie nicht.
Nuray, die seit der Kindheit schon eine ausgeprägte Intuition in Bezug auf ihren Bruder hatte, erahnte, was passiert sein konnte - *wenn diese mir bisher unbekannt gebliebene Freundin sich bei mir meldet, muss das Schlimmste vorgefallen sein*, dachte sie. Mit bebender Stimme rief sie: „Deniz?! Nein, nein, Deniz, nein! Tot?!, sag nicht tot! Sag nicht tot!"
Mit der stillen Bestätigung durch Hanna am Apparat kollabierte Nuray an Ort und Stelle und riss beim Fallen den Einkaufswagen, den sie mit einer Hand noch hielt, mit sich herunter. Nun lag sie dort, mit all den Lebensmitteln, die aus dem Wagen heraus auf sie gefallen waren und sich über sie verteilt hatten, als wäre sie ein alter, trauriger Weihnachtsbaum ohne Nadeln.
Im Krankenhaus, wohin sie aufgrund ihres Zusammenbruchs gefahren wurde, telefonierte Nuray dann im Beisein ihres Mannes noch einmal ausführlich mit Hanna, wobei sie unaufhörlich ungehemmt weinte. Hanna erzählte ihr *fast alles*, was passiert war. Nuray übernachtete im Krankenhaus. Ihr Mann schlief auf einem Klappbett neben ihr.
Am nächsten Tag wollte sie die böse Nachricht der Mutter von Angesicht zu Angesicht überbringen. Der Ehemann sagte so etwas wie „Ich lasse dich nicht allein fahren."
Nuray wusste insgeheim, die Mutter würde die Situation der Todesnachricht, während ein *Fremder* im Raum war, noch unerträglicher und beschämender finden, als es schon war. Sie konnte jedoch den Ehemann, der Fürsorglichkeit aufwies, nicht abweisen. Also fuhr sie, so gehorsam, wie sie halt war, mit ihrem Mann zur Mutter, ohne ihren eigentlichen Willen zu äußern.
Sie hatte sich, tief im Herzen, auch Trost bei der Mutter zu finden erhofft, doch war ihr Respekt vor der grauenvollen Trauer einer Mutter, die erfahren sollte,

ihren einzigen Sohn verloren zu haben, zu groß, um sich diesen Wunsch reflexiv einzugestehen und schließlich einzufordern. So saß sie auf dem Beifahrersitz, weinte und hoffte, dass gleich alles gut gehen würde. Ihre eigenen Bedürfnisse standen hinter ihren diplomatischen Wünschen, jede Art von Eskalation vorzubeugen.
Als die Mutter sie hinauswarf, konnte sie keine Wut über die Mutter aufbringen. Wusste sie doch auch noch immer tief im Inneren, dass es falsch war, statt allein zu gehen, ihren Mann mitzunehmen. Sie war der einzige Mensch, der noch übrig und qualifiziert dazu war, der Mutter alles so schonend wie überhaupt möglich beizubringen und ihr stillen Trost zu bieten, vor dem sich die Mutter nicht zu schämen brauchte. Dieser Gedanke, nicht einmal versucht zu haben, sich gegen ihren Mann durchzusetzen, und der allgemeine Groll über sich selbst vermischten sich nun noch mit der Enttäuschung über die missglückte Situation. Das wiederum kanalisierte ihre Wut Richtung Ehemann, den sie nun als Schuldigen ausmachte, um ihre eigene Schwäche zu kaschieren. Sie wünschte sich fast schon eine Situation herbei, in der sie ihm ein subtiles Zeichen geben konnte, damit er ihren Groll bemerkte.
Als beide zum Auto gingen, versuchte der Ehemann sein Beleidigtsein wegen des Rauswurfs durch die Schwiegermutter zu verbergen: „Ich glaube, es ist besser, wenn ich noch allein etwas bei Anne bleibe", sagte Nuray zu ihrem Mann.
Dieser blickte sie argwöhnisch an: „Sie hat dich doch eben gerade noch rausgeschmissen!"
Nuray kämpfte einige Sekunden mit sich - sie wollte ihm souverän etwas entgegenstellen, sie überlegte, was sie sagen sollte und blickte dabei jedoch schweigend auf den Boden. Der eitle Ehemann interpretierte ihre Unsicherheit als eine schmollende Bitte und lockerte seinen psychischen Griff um sie: „Ich hole dich dann später ab, OK?", so fuhr er endlich weg.

Auch gut, dachte sich Nuray erleichtert.
Die nächsten Monate verbrachte Nuray damit, die Mutter häufig zu besuchen. Sie wusch und kämmte ihre Haare und sang dabei Lieder, die die Mutter einst ihr vorgesungen hatte, wenn sie sie wusch und ihr Haar kämmte. Schwieriger war es, die bis auf Haut und Knochen langsam abmagernde, plötzlich unnatürlich schnell gealterte Frau zum Essen zu überreden. „Anne, iss jetzt bitte! Ich habe keine Geduld mehr. Ich darf doch nicht so einen Stress haben in diesem Zustand; das ist nicht gut fürs Baby!"
Nuray war schwanger, sie erfuhr von der frohen Botschaft, als sie nach der Todesnachricht des Bruders ins Krankenhaus geliefert wurde. Von da an war sie bemüht, sich zu schonen. Immer, wenn sie der Mutter davon erzählte, dass sie, falls es ein Junge werden sollte, ihn Deniz nennen wollte, schwieg die Mutter darüber mit einem tot traurigen Gesicht. Als der kleine Deniz auf die Welt kam, war Melek, Matriarchin der Familie Yozokan, schon verschieden.
Ali Haydar hatte wie viele, die den Suizid andeutenden Facebookstatus von Deniz gelesen hatten, ein mulmiges Gefühl bekommen, das sich bestätigte, als die Nachricht von Deniz‘ Tod eintraf. Auch von der Todesnachricht erfuhr Ali Haydar über Facebook, als viele Abschiedsbekundungen auf Deniz‘ Profil gepostet wurden. Auch wenn die Nachricht eine traurige Bestürzung in ihm auslöste, die Scham über sich selbst übertünchte jedes andere Gefühl in jenem Moment.
Familienmitglieder von Deniz suchten Ali Haydar auf, weil er einer der Letzten gewesen war, mit denen Deniz unterwegs gewesen war. Dank Zeugenaussagen und der Arbeit der Hamburger Polizei, die Deniz‘ Ausweis durch die junge Beamtin beim Kiezvorfall in Besitz hatte nehmen können, löste sich das Bild über die Ereignisse vom Kiez bis zum Geschehen in Kiel einigermaßen auf. Es wurde auch in einigen Zeitungen darüber ein paar

Mal berichtet. Ali Haydar beendete sein Kieler Studium und zog weg vom Norden. Er fing nach einigen Monaten ein neues Studium in Wien an, nachdem er mehrmals von Deniz‘ Cousins angegriffen und bedroht wurde.

***

Kadir Aslan, Deniz Cousin mütterlicherseits und zweiten Grades, liebte Deniz wie kein Zweiter aus der Sippe und war ungefähr vier Jahre älter als er gewesen. An dem Tag, als Deniz nach Celle kam und sie gemeinsam nach Hannover fahren sollten, war Kadir zu Besuch bei seiner jüngeren Schwester gewesen, die mit ihrem Mann seit einem halben Jahr verheiratet war. Kadirs Schwager respektierte ihn sehr - viel mehr hatte er Angst vor ihm, war doch Kadir als Gangster stadtbekannt. Sie saßen im Wohnzimmer, als Kadirs Schwester ihnen Tee kredenzte.
„Ich muss gleich los, Deniz kommt aus Hamburg. Wir ziehen bisschen ´rum", sagte Kadir, während er mit dem Teelöffel im Glas herumrührte.
„Sag nicht, schon wieder der…", entgegnete ihm die Schwester ganz abschätzig, „…unser Lieblingscousin Deniz, der sich zu schade war, auf meine Hochzeit, die Hochzeit der einzigen Schwester seines Lieblingscousins, zu kommen. Was für ein toller Junge!"
Sofort griff ihr Ehemann, der eigentlich kein anderes Bild von Deniz hatte als seine Frau, ein: „Sus! Sei still! Sein Vater ist gestorben, wie kannst Du so über ihn reden?!"
Kadir blickte dem Schwager nicht einmal ins Gesicht, hob nur die Hand wie ein Stoppschild in seine Richtung hoch: „Warte, misch dich mal kurz nicht ein" - dann schaute er skeptisch zu seiner Schwester und sprach mit einem zornig aufgeregten Lächeln und schäumendem Mund zu ihr - „Rede ruhig weiter, du schlecht erzogenes, dummes Stück Scheiße. Ich will hören, was du respektlose Missgeburt zu sagen hast."

Neidisch und erbost darüber, dass der Bruder ihren Ehemann demütigte und einen Cousin zweiten Grades vor ihr so in Schutz nahm, sagte sie:
„Von wegen *sein Vater ist gestorben*! Zu meiner Hochzeit waren seine Eltern da. Da hat der Vater noch gelebt. Aber er hat wahrscheinlich irgendwo in Hamburg gesoffen, statt zu kommen. Aber schön, dass ihr seinem toten Vater einen solchen Respekt zollt, während sein einziger Sohn zur Trauerfeier besoffen erschien und sich frühzeitig verpisste -", bevor sie ihren Satz zu Ende hatte sprechen können, hatte sie bereits Kadirs Rückhand im Gesicht.
Als Kadir die Wohnung am Verlassen war, sprach er noch zum Schwager, der aufgeregt aufgeschreckt war und sich zu seiner weinend die blutende Lippe haltenden Frau gestürzt hatte: „Bring der Missgeburt mal ein bisschen Respekt bei, du kılıbık."
Nun ja, das patriarchale Erzeugnis Kadir ging schließlich für acht Jahre ins Gefängnis - - - Der Cousin der zwei Mädchen aus der Bar und seine Kumpanen, die Deniz am Hamburger Berg zusammengeschlagen hatten, wurden für ihr Vergehen noch gerichtlich belangt - Kadir ließ, nachdem er durch den Prozess den Namen erfahren hatte, seine Kontakte in Hamburg spielen und spürte den Anführer der Bande auf. Kadir wollte ihn eigentlich nur zur Rede stellen. Er fuhr allein in sein Viertel, Hamburg-Schnelsen, Spanische Furt. Kadir sah ihn vor seinem Hochhaus neben zwei anderen *Migrationshintergründlern* stehen und kiffen.
Nachdem Kadir ihn identifiziert hatte - der Kiefer des jungen Mannes lag noch schief - ließ er sein Auto stehen, stieg eilig heraus, ohne die Tür zu schließen, sprintete geradewegs auf sein Ziel zu, sprang zwei Meter vor ihm ab und schwang aus einer Bewegung heraus seine rechte Faust auf des Gegners Jochbein, welches schon Deniz damals getroffen hatte. Der Joint fiel ihm aus den Händen, als er rückwärts zu Boden stürzte.

Instinktiv wand sich Kadir den beiden anderen Gastgebern zu, um ihnen mit einem Angriff zu drohen, jene vor Angst zurückwichen und deeskalierend mit den Händen hin und her winkten und dabei Dinge wie „Ey, chill! Was denn los, Digga?!", riefen.
Als der Gefallene wieder zu sich kam, stand er auf und hatte bereits ein Butterfly aus der Tasche gezückt, welches er offen sichtbar in der rechten Hand hielt. Im Gegensatz zu seiner nun schief blutenden Nase zeigte das Messer mit der Spitze in Kadirs Richtung: „Du Hund, wer bist Du?!", schrie er Kadir an.
„Vay vay vay, Messer ha?", rief Kadir ihm lachend zu. „So ist das also!" - als Kadir sah, wie sein Gegner mit der Klinge voraus sich auf Kadir stürzen wollte, zog er seine Walther aus dem Gürtel und schoss ihm ins Herz. So entstand aus Leid und Schuld noch mehr Leid und Schuld.

***

Nun zuletzt, liebe Lesende, was euch vielleicht am brennendsten interessiert - wie wurde Hanna des Todes von Deniz gewahr? Spulen wir unsere Geschichte noch einmal an den Punkt zurück, als Deniz Hanna beim Betrügen in flagranti erwischt hatte:
Nachdem Deniz Hanna losgelassen hatte und weggefahren war, blieb sie noch auf dem Boden weiter liegen und weinte. Als die Polizei eintraf, schrie sie die Beamten an, dass sie sie in Frieden lassen sollen! Diese riefen einen Krankenwagen, als sie die Blutspur sahen und versuchten, das junge Mädchen zu beruhigen. Auf die Frage, ob das ganze Blut von ihr stamme - die Beamten sahen ihre blutende Nase - antwortete sie vorsichtig mit „Ja".
Während Hanna im Krankenhaus lag, kamen zweimal Polizisten in ihr Krankenzimmer. Beim zweiten Mal war es ein Kommissar: „Frau Lüchtenwereld, wir haben den

PKW, der auf Sie zugelassen ist, in der Förde gefunden. Ein junger Mann ist darin über die Brücke ins Wasser hineingerast."
Als Hanna mit Nuray, Deniz' Schwester, das zweite Mal telefonierte, war Hanna wieder aus dem Krankenhaus entlassen und Nuray schon im Wissen über den Tod des Bruders. Hanna erzählte der Schwester wie auch der Polizei, dass Deniz blutverschmiert bei ihr eintraf. Sie hätte ihn zur Rede gestellt, aber er hätte genervt reagiert: „Geh mir nicht auf den Sack, das ist nichts, bin hingefallen!"
Daraufhin hätte sie ihn gefragt, warum er denn immer so eine Geheimnistuerei veranstalte. Als er noch abweisender wurde, habe sie ihn damit konfrontiert, dass sie wüsste, er würde sie ständig betrügen und sie wolle sich deswegen von ihm trennen! Wut entbrannt hätte Deniz schließlich angefangen, sie zu schlagen und zu würgen. Dann hätte er sie allein zurückgelassen und wäre weggefahren. - - Klang nicht unbedingt überzeugend in Nurays Ohren. Sie bedrängte Hanna, ob sie denn wüsste, ob es noch irgendeinen zwingenden Grund dafür gegeben habe, dass er sich das Leben nahm.
Hanna sagte, dass sie von nichts Bestimmtem wisse. Aber Deniz sei schon länger depressiv und für jede Hilfe unempfänglich gewesen. Nuray, die die melancholische Natur ihres Bruders zwar gut kannte, gab sich dennoch nur bedingt einverstanden mit dieser Darstellung. Sie wollte aber auch nicht weiter bohren und eventuelle Vorwürfe machen, denn diese machte sich Hanna schon zur Genüge selbst.
Sie wollte Hanna am liebsten sagen, „Wie, er war unempfänglich für Hilfe?! Was hast Du denn als seine Freundin getrieben?!" - aber wie konnte sie das als seine eigene und einzige Schwester sagen?, die selbst mit ihrer eigenen, neuen Kernfamilie, die erst am Blühen war, zu sehr beschäftigt gewesen war, als dass sie ihrem Bruder hätte helfen können - sie fühlte sich selbst schuldig.

Auch die Polizei, die nichts Auffälliges in Hannas Wohnung angetroffen hatte, hatte nicht weiter ermittelt. Als Hanna von Polizei und Krankenhaus entlassen nach Hause gegangen war, hatte sie aufgeräumt, gewischt und sich dann erleichtert ins Bett gelegt. Nachdem die Geschichte mit Deniz' Cousin Kadir kurz in den Nachrichten gewesen war, hatte sie von dem Burschen, mit dem sie Deniz betrogen hatte, eine Nachricht erhalten mit dem Inhalt „Bitte sag niemandem was! Wer weiß, was seine Familie mit uns macht, wenn die erfahren, warum er sich umgebracht hat."
Der Betrügerbursche hatte aus Angst niemandem von der Nacht erzählt. Leute, die ihn nach seinen Verletzungen fragten, wimmelte er damit ab, in der Nacht auf dem Weg zur Tankstelle von *Südländern* verprügelt worden zu sein, als er sich geweigert hätte, ihnen sein Handy zu geben. - - - Und wenn er nicht gestorben ist, dann hat er noch immer niemandem die Wahrheit erzählt.
Auch Hanna schwieg, wollte sie nicht als *Schlampe* und Mitschuldige für Deniz' Tod gelten. Sie hatte sich im Laufe der Zeit von Deniz entliebt. Seine ständigen Eskapaden, seine Betrügereien, die er kaum kaschierte, weil er dachte, Hanna würde sowieso nichts merken; aber auch, dass er sich ihr nie geöffnet hatte, er ihr nie das Gefühl gegeben hatte, es ernst zu meinen - er hatte sie nicht einmal richtig seiner Familie vorgestellt - ja, dass sie den Tod seines Vaters nicht einmal von ihm persönlich erfahren hatte… - all das hatte ihre Liebe erkalten lassen.
Die schönen Zeiten mit ihm, vor allem das Kennenlernen und ihre frische Verliebtheitsphase, würde sie aber niemals vergessen. Es war nun einmal gekommen, wie es kommen sollte - das wahrscheinlich Schrecklichste war geschehen: Deniz war tot, für nichts. Aber jetzt kam für Hanna allmählich die Zeit, wieder vernünftig und gelassen zu werden - sie hatte in ihrem jungen Leben oft genug in tiefer Trauer geweint.

***

Wie auch immer, Deniz war tot, und mit ihm auch der letzte männliche Erbe dieses dünnen, dürren und zerbrechlichen Yozokan-Zweigs, der stets vom Tod geprägt war. Deniz war der einzige Junge, Deniz' Vater war der einzige Junge, dessen Vater war der einzige Junge, dessen Vater war der einzige Junge und sogar dessen Vater war der einzige Junge in der Familie gewesen, der hätte als Mann den Zweig und Namen weitertragen können.
Ein Geheimnis bleibt offen: Hätte das Kind von Deniz, das Hanna damals ungeboren abgetrieben hatte, ein Junge werden können, der das Erbe der Yozokans weiterträgt? - - Liebe Lesende, urteilt bitte selbst darüber, inwieweit solch ein Erbe überhaupt tragbar gewesen wäre.

Nachwort

Liebe Leser*innen, ich war schon immer jemand, der gerne reflektiert oder gar grübelt. Warum auch nicht? Deswegen schrieb ich auch hin und wieder irgendeinen irrelevanten Gedanken nieder. Wie in meinem gesamten Leben überhaupt hatte ich dabei aber nie ein System, eine Organisation oder einen Masterplan.

Im Spätsommer 2014 - ich war in Seoul - traf ich dann den Entschluss: Ich schreibe einen Roman. Ich erinnere mich noch genau daran. Ich war mit dem Taxi von einer lieben Bekanntschaft, welche ich just in jener Nacht überhaupt kennengelernt hatte, zu meiner Bleibe in Mangwon gefahren; oder besser, zum McDonald's an der nächsten Hauptstraße, welches drei bis vier Minuten von meiner temporären Bude bei einem Freund entfernt lag. Ich ging hinein und gönnte mir ein *Frühstück*, es war vielleicht sogar vor vier Uhr nachts bzw. morgens. In Hamburg gibt es das Frühstück bei McDonald's, glaube ich, ab sechs oder sieben Uhr, oder so? Keine Ahnung. In Hamburg gehe ich ja auch nie in ein McDonald's. Was sollte ich auch dort, wenn ich anderswo Döner oder Falafel essen kann?! Das frische Gemüse ist ja schließlich auch an einem alkoholisch guten Abend notwendig, um einen friedlichen Säure-Base-Haushalt zu gewährleisten - mein Magen ist ja auch nicht mehr zwanzig Jahre alt!

Na ja. Ich aß - besser fraß - irgendwas mit Kartoffel, Ei, Käse, Ketchup und was weiß ich noch was. Dann ging ich hinaus. Ich kann mich noch einigermaßen erinnern, neben dem Laden gab es irgendein Tagesgeschäft mit marmornen Treppenstufen und einer elektronischen Glastür - vielleicht eine Bank (mit Bank meine ich nicht die Bank zum Sitzen, sondern diese kapitalistischen Teufels-Etablissements… haha). Ich ging die

Stufen hoch und kotzte vor die Tür. Zwischen den Kotzeinheiten lachte ich - ich war in einer fremden Stadt, einer fremden Kultur; ich hatte getrunken, gefressen, geliebt und gekotzt. Ich wischte mir den Mund mit den dünnen McDonald's-Servietten ab, deren Fasern in Stücken an meinen Lippen kleben bleiben wollten, und ging wieder hinein ins Fastfood-Restaurant.
Ich bestellte mir ein Wasser und fragte nach einem Notizblock und einem Stift. Die junge Frau an der Kasse verstand mich nicht, dann kam eine andere junge Frau, die Leiterin glaube ich. Sie kuckte mich verwirrt an und ging. Dann bekam ich mein Wasser und die Leiterin kam sogar wieder mit einem Stift und einem abgerissenem Blatt Papier. Ich schrieb die, nein, *eine* Einleitung für meinen Roman. Vier Jahre hat es dann gebraucht, dass ich tatsächlich anfing, phasenweise meinen Roman zu schreiben. Die *Einleitung* nahm ich damals mit nach Deutschland - viereinhalb Jahre ist das nun her.
Ich habe sie nun zur Feier des Abschlusses meines ersten Romans ausgepackt und muss zugeben, dass es grottenschlecht ist. Nun ja, was hätte in jenem Zustand auch Besseres herauskommen können?!....
Ein paar Sätze haben mich dennoch etwas berührt, gebe ich zu, denn es hat eine Art wahre Begeisterung in ihnen gesteckt und mich an die Zeit, die mein altes Ich naiv und unschuldig damals genoss, erinnert.
Anscheinend wusste ich schon ungefähr, was für einen Roman ich schreiben wollte, da ich die Einleitung so schrieb, als wäre sie ein Vorwort für das gewesen, was ich bereits geschrieben hatte, das hatte ich aber noch nicht (haha...): „Ich habe mein Monster in eine Felswand gemeißelt. Ich weiß nicht von welchem Wert dieses Werk ist, doch kann ich in Kafkas Worten sagen, es hat innere Wahrheit. Das Monster, das du vielleicht bis zum Ende betrachtet erfahren, gar verstehen wirst, nein, nicht verstehen, sondern fühlen wirst, das bin

nichts anderes als ich selbst."
- - Viel mehr will ich von mir als dreiundzwanzigjährigen Trunkenbold gar nicht erwarten. Ich weiß aber auch nicht, ob ich nun Jahre später mit meinem Werk ein Monster erschaffen habe und ob überhaupt so viel von mir im Werk drinnen steckt. Ich weiß aber eines, ich habe es geschrieben und es war mir ein Bedürfnis.

***

Deniz ist, wie auch ich, ein Deutschtürke. Es ist unsere Disposition, uns unser ganzes Leben lang von einer Spirale der Identitätskrise nicht befreien zu können. Die Gesellschaft, in die wir hineingeboren wurden, macht uns das auch nicht leicht. Ich glaube z.B., ich hatte mich noch nie in meinem Leben so deutsch gefühlt wie damals in Südkorea, weil ich mit den Worten „I'm from Germany" für die Südkoreaner*innen automatisch ein Deutscher war, was ich in Deutschland selbst aber nie so wirklich sein durfte.
Ich glaube, man kann das Motiv des *ganzen Menschen* der Literatur des achtzehnten Jahrhunderts gut auf uns beziehen. Wenn wir Deutschtürk*innen die Störfaktoren von außen, die uns zerstieben, ignorieren, wenn wir einsehen, dass wir eine Synthese oder gar eine Gleichzeitigkeit sind, dann finden wir unseren Einklang in gewissen Momenten. Wir sind nicht deutsch *oder* türkisch; noch deutsch *und* türkisch (also zu fünfzig Prozent deutsch und zu fünfzig Prozent türkisch). Wir sind zu hundert Prozent deutsch und zu hundert Prozent türkisch. Wir sind eine Schmelze aus deutsch, türkisch und deutschtürkisch, wir sind eins und dreierlei zu gleich. Wir sind in allen unseren Identitäten vollwertig, uns fehlt nichts, wir sind gar viel mehr als die anderen - wir sind aber kein dritter Raum, kein Zwischenraum, kein Mischwesen, keine Chimäre! Wir sind eine Ganzheit aus Ganzheiten - eins und dreierlei halt.

Verglichen mit meiner kulturellen und charakterlichen Vielschichtigkeit ist *der Biodeutsche* fast schon ein monotones Wesen - ich will nicht sagen, dass ich ihn fast schon verstehen kann, wenn er aus seinem Neid heraus über uns, Menschen mit Migrationsgeschichte, schimpft. Ganz ehrlich, lieber werde ich in meinem eigenen Land diskriminiert, als dass ich von meiner Mannigfaltigkeit einbüße!
Meine Muttersprache ist türkisch, meine ersten Sätze bildete ich in dieser Sprache; meine stärkste Sprache aber ist deutsch, meinen Roman schrieb ich in dieser Sprache. Das eine ist nicht mehr Wert als das andere. Beides macht mich gemeinsam aus, beides bin ich zugleich. Vielleicht sind wir, Menschen, die verschiedene Kulturen in sich vereinen, auch mit dem Yin-Yang-Symbol vergleichbar - glücklich werden wir nur, wenn wir uns auf den einenden Kreis konzentrieren und nicht auf die Spaltung innerhalb (der eigenen Person).
Ich habe dieses Thema im Roman nicht ausführlich behandelt oder besser gesagt: nicht abgehandelt. Ich wollte nicht, dass der Fokus meines Werks durch politische oder soziologische Themen verrückt wird - es gibt genug Wissenschaftler*innen, die diese Themen nicht zuletzt im Fernsehen regelmäßig thematisieren. Dies ist auf keinen Fall ein politisches Werk!, auch wenn es zum Denken anregen kann. Das Hauptmerkmal Deniz' ist nicht, dass er Deutschtürke ist und das Hauptmerkmal dieses Romans ist nicht, dass ich ein Deutschtürke bin. Alles darauf zu reduzieren, wäre wiederum rassistisch. Marginalisierte Menschen sollten nicht nur dann relevant sein, wenn sie als Extrem für politische Diskurse brauchbar sind, damit der *weiße Mann* sein Gewissen streicheln kann, auch ihnen eine Bühne gegeben zu haben. Nein, auch wir wollen Kunst und Kultur schaffen. Also empfehlt meinen Roman weiter (haha).
Im Anschluss zum Werk aber, in meinem Nachwort, wollte ich diesen Punkt zumindest einmal knapp aufgeworfen

und literarisiert haben und nicht so tun, als gäbe es eine solche Problematik überhaupt nicht. Aber das ist jetzt nicht mehr weiter interessant, ich will nicht die Grenze des guten Geschmacks überreizen. Wobei, *über Geschmack lässt sich ja bekanntlich streiten*. Dazu im Gegensatz sagt man im Türkischen übrigens *renkler ve zevkler tartışılmaz*, Farben und Vorlieben sind dem Streite entzogen. Als Deutschtürke dürfte ich also beides, streiten oder mich dem entziehen. Vielleicht kann man sich Dingen aber auch streitend entziehen? Nun gut..., genug Dualismen! Nicht umsonst sagt Heine: „Ein jedes Volk hat seinen Geschmack". - - - -
Tragische Held*innen und melancholisch-lethargische Protagonist*innen tauchten in den meisten Klassikern auf, die ich las. Aber was ist die Ursache für ihr Tragikpotenzial? In kaum einem Werk wird das aufgeklärt. Akute Auslöser werden erzählt, aber fehlt oft die tiefe, vielleicht sogar vorbestimmte Ursache. Manchmal aber finden wir einige Prinzipien, die tiefer gehen.
In Kafkas „Das Urteil" verstehen wir, dass Georg irgendeinen Vaterkomplex und Geltungswunsch hatte und können diesbezüglich einiges vermuten. Aber warum reagiert der Vater überhaupt von Anfang an so auf seinen Jungen und warum ist der Junge so, wie er ist? In Kafkas Romanen fällt jedoch eine Sache besonders auf: Die Protagonisten *gehen stets die Treppe hoch*. Das ist das, was die meiste Zeit passiert, sie gehen hoch. Aber, wenn sie fallen, dann fallen sie Etagen herunter. Wir hoffen die ganze Zeit mit und wollen fast die Augen vor der schicksalhaften Aussichtslosigkeit verschließen.
Der schicksalhafte Fall, die unumgängliche Niederlage, ist unvermeidbar, doch baut Kafka stets einen ausweglosen Widerstand auf - wie ein im Netz zappelnder Fisch. Das ist die Bedeutung des Lebens, das bedeutet es zu leben: Wie ein Fisch im Netz zu zappeln. Kafka zeigt uns, dass Hoffnung, die Durchhalteparole des

Lebens, eine Lüge ist, die wiederum das einzige Lebenselixier für unsere Welt ist. Menschen, die wahrhaftig sind, sind Produktionsfehler und müssen nachträglich vom Markt genommen werden. Diese Menschen leben mit Hoffnung, wollen aber die Lüge nicht. Das erzeugt einen gewissen Selbstzerstörungstrieb in ihnen, den man auch *Dämon* nennen kann, wofür Sabahattin Alis Ömer in „Der Dämon in uns" ein Beispiel ist. Bei Ömer gibt es aber wenigstens noch einen gewissen bewussten Trotz gegen diese Lüge des Lebens.
Selbst dieser Trotz aber fällt bei Dazais Yozo weg. In „Gezeichnet" haben wir einen Protagonisten, der nicht dazu fähig ist, sich gegen die anderen zu wehren. Er hat Angst vor den Menschen, den Beziehungen zu ihnen und vor unserer Welt, die eine Lüge ist. Er kann zwar lügen, aber kein Teil der Lüge sein. Er ist also kein Teil der gewöhnlichen Menschheit. Das heißt im Umkehrschluss, dass er als Mensch nur disqualifiziert sein kann. Yozos Blut steckt auch in Deniz.
Was Deniz' Analyse angeht, überlasse ich alles euch, liebe Leser*innen. Eines kann ich aber sagen, er ist mir während der gesamten Zeit ans Herz gewachsen. Ich liebe ihn. *Herrscher des Meeres* wie sein Namensvetter Dschingis Khan wurde er zwar nicht; ein *Teil des Meeres* aber, das wurde er.
Als Abschlusswort, so fühle ich, passt ein Bild, welches meinem alten Ich in Korea entsprang, als es so brav im McDonald's saß und im Rausch vor sich hinkritzelte:

„Leider paddeln wir alle zusammen
so schnell und hektisch,
obwohl nicht einmal Land in Sicht ist.
Stünden wir doch alle für einen synchronen Moment
still, klängen die Wellen langsam ab und das Meer,
es würde Land."

März, 2019.

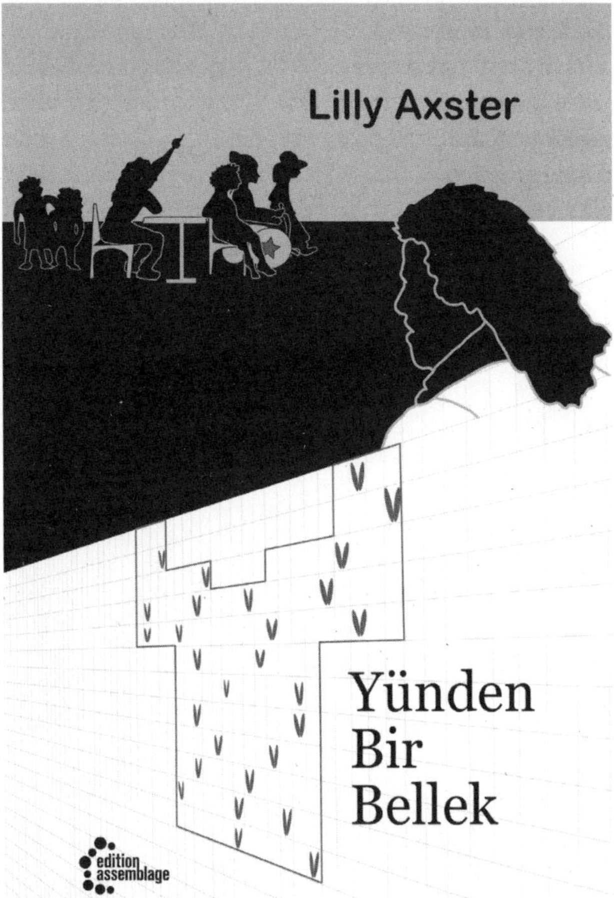

Taschenbuch | 168 Seiten | ISBN 978-3-96042-132-0 | 16 €

Lilly Axster'in gerçek hayattan aldığı ve kurmaca hatıralarından oluşan romanda, kahramanlar sömürgeci tahtlarından iniyor, aktivizm demansla çarpışıyor ve şiirsel bir dilin içinden Yeter Güneş söz alıyor!

Başlık aynı anda Almanca ve Dilman Muradoğlu tarafından Türkçeye çevrilmiş olarak yer almaktadır.

Auch auf Deutsch erschienen!

Paperback | 140*205mm | ISBN 978-3-96042-073-6 | 9,80 €

Die sechs Autor*innen Ferraeterin, Hrmpfm, Ayesha Khan, Bahar Sheikh, Hengameh Yaghoobifarah und Zugezogenovic erzählen auf Twitter aus ihrem Alltag in der Migrationsgesellschaft, von Freundschaft und Depression, von Rassismus und Feminismus. Die Encyclopaedia Almanica macht ihre Gedanken sichtbar und verbreitet sie, denn zu oft noch, werden diese Stimmen nicht gehört. Mal lustig, mal nachdenklich und immer lesenswert rütteln die Autor*innen an gängigen Sichtweisen auf bestimmte Sachverhalte und bieten neue Perspektiven auf den deutschen Status Quo.

Taschenbuch | 240 Seiten | ISBN 978-3-96042-095-8 | 18,00 €

Sie arbeitete als technische Bauzeichnerin, Schriftstellerin und Dolmetscherin und schrieb über 350 Gedichte und einige Satiren. 1982 verbrannte sich Semra Ertan in Hamburg, um ein Zeichen gegen den Rassismus in Deutschland zu setzen. Viele Gedichte drücken die Trauer aus, die die Dichterin in ihren Jahren in Deutschland begleitet, aber auch ihre Wut über gesellschaftliche Ungerechtigkeiten und ihren Mut sich diesen entgegenzustellen. Und ebenso die Liebe, die sie in sich trägt